SHODENSHA
SHINSHO

道路の謎

良時代の巨大国家プロジェクト

俊秀

祥伝社新書

はじめに

どこまでも続くまっすぐな道。路面は平らで、その幅は十二メートルほどであろうか。両側に広がる水田は、道に沿って整然と並んでおり、どの田も同じ大きさである。のどかな田園風景の先には、白壁で囲まれた大きな建物が見える。この道は都《みやこ》へと続いている。

この光景は、今から一三〇〇年ほど前の日本の道路を叙述したものである。古代の日本は、律令《りつりょう》国家と呼ばれる強大な中央集権国家を目指し、それを完成させた。天武《てんむ》天皇により計画され、持統《じとう》天皇の時代に完成した、日本最初の中国風の都である藤原京《ふじわらきょう》、そして二〇一〇年に遷都一三〇〇年を迎えた平城京《へいじょうきょう》は、日本の首都として造られた巨大な都市だった。現在の首都・東京が江戸の町をベースとして発展してきたのに対し、古代の首都は、まるでまっしろなキャンバスに絵を描くかのように、田園風景が広がっていた土地を、きわめて高い計画性に則《のっと》って造り上げた、まったく新しい都市だった。そして、この都市が、日本の政治・経済・文化の中心であり、ありとあらゆる権力を、ここに集約させたのである。

都で決定されたさまざまな事柄は、計画的に張り巡らされた道路を通って地方に伝えられ、そして、地方からはさまざまな人や物が道路を通って、都にもたらされた。この時代の象徴のひとつであり、そして、国家がもっとも重視した道路が「駅路《えきろ》」である。

現在まで、全国の至るところで駅路の跡《あと》が発掘されている。その姿は、冒頭で叙述したとおり、どこまでもまっすぐであり、幅広《はばひろ》であった。駅路は、それまでの道路を拡幅《かくふく》・整備したものではなく、ほとんどの区間、それまでは道路が通っていなかった場所に、新たに造ったものである。ある時は谷を埋め、ある時は丘を削《けず》って、ひたすらまっすぐに造った。その総延長は、六三〇〇キロメートルにもおよんでいた。

なぜ、古代国家はこのような駅路を造ったのか？　そして駅路がはたした役割とは何か？　不思議なことに、この国家的規模の大規模事業がなされた理由は、文献史料には、何も記されていない。造られた時代さえも……。

まさに駅路の建設は、「謎の巨大国家プロジェクト」と言えるのである。

本書は、この謎の古代道路をテーマとする。謎の解明に向けて、私がどのように取り組み、どう解釈したのかという話が中心になるが、残された史料は断片的であり、それに発掘調査などでわかってきた事実を加えて解釈を進めても、いまだなお、いくつかの謎が残り、また、さまざまな解釈の余地が残されている。

そのため本書では、読者のみなさんもこの謎解きに参加できるよう、古代道路研究の視点や考えかた、古代道路の探しかたなどを、できるだけわかりやすく記述することに心がけた。

本書を手にされた方が、ご自身で古代道路を探し、謎解きに加わっていただく最初の一歩となることを願い、執筆した次第である。全国各地に張り巡らされた古代道路は、みなさんのもっとも身近にある歴史の証人でもあるのだから。

二〇一三年三月

近江《おおみ》　俊秀《としひで》

はじめに

目次

第三章　奈良時代の交通制度

第四章　古代道路の工法

第五章　地図から読む古代道路

第八章　廃絶の謎

写真（指定以外）／近江俊秀
図版／近江俊秀、篠　宏行

第一章　古代道路とは何か

姿を現わした古代道路「駅路《えきろ》」

一九九五年、東京都国分寺市《こくぶんじ》で、古代の道路跡が長さ約三四〇メートルにわたり、発掘された。両側に側溝《そっこう》を持つ、幅十二メートルの道路は、寸分の狂いもなく、一直線に造られていた（写真1）。

古代道路そのものは、一九七〇年代頃から、各地で発掘されており、幅広であることや、直線的であることがわかっていたが、これほどの長さを一度に調査した例は、一八年後の二〇一三年現在でも、他に聞かない。

国分寺市で見つかったこの道路は、お隣の府中《ふちゅう》市や小平《こだいら》市、東村山《ひがしむらやま》市、埼玉県所沢《ところざわ》市でも見つかっており、その直線区間は少なくとも七キロメートル以上におよぶことがわかっている。造られた時代は、まだ都が飛鳥《あすか》にあった七世紀。そして、十世紀中頃には、その規模を大きく減じている。この古代道路こそが、古代国家が全国に張り巡らせた幹線道路「駅路」なのである。

古代の日本は、天皇を中心とした強力な中央集権国家の建設を目指した。中央にすべての権限を集中させ、地方には中央の出先機関を置き、中央から派遣された役人が

写真1　発掘された東山道駅路

JR中央線・西国分寺駅から、ほど近い国分寺市泉町で発掘された。見つかった駅路は埋め戻され、地表に表示されている。都心からもっとも近い駅路の見学スポット

（写真／東京都教育委員会）

統治を行なう、という国家形態である。

そのお手本となったのが、中国の王朝、隋《ずい》や唐《とう》で行なわれた統治システムである。それは、律令という法にもとづき国を統治するもので、「律《りつ》」とは刑法、「令《りょう》」とは主に行政法である。「令」では、国や地方の統治機構や官僚機構、そして国民の身分や税制などが細かく規定されていた。この法により定められた社会とは、天皇を頂点とするピラミッド形の社会である。こうした国家の形態を律令国家と呼ぶ。

日本は、大化《たいか》の改新《かいしん》の頃から、このような統治システムを強く志向するようになり、大宝《たいほう》元年（七〇一年）、ついに律令国家の基本法典である、大宝律令が完成する。時の文武《もんむ》天皇は、この年、藤原京の大極殿《だいごくでん》で、「文物《ぶんぶつ》の儀《ぎ》、是《ここ》に備《そなわ》れり」と高らかに律令国家の完成を宣言した。

駅路とは、律令に定められた都と地方とを結ぶ「駅制《えきせい》」という緊急通信制度に則って、「正式な使者が利用する」と定められた道路のことである。律令国家は、地方を国《くに・こく》、郡《ぐん》、里《り・さと》の行政単位に分割していた。国は現在の都道府県、郡は市町村、里は地域の自治会を連想してもらえればよい。

現在でもそうであるように、国は国道、都道府県は都道府県道、市町村は市町村道を造っている。同じように、古代にも、さまざまな道路があった。

駅路は、現在にたとえるなら国道になるが、単なる国道というだけでなく、都と地方拠点とを最短距離で結ぶことを目的とした、いわば古代の高速道路なのである。都からの命令をいち早く地方に伝え、地方で異変があれば、それを都に伝える。中央が地方を支配するために、もっとも重視した古代道路こそが、駅路なのである。

律令国家は、当時の都の周辺にあった大和《やまと》・河内《かわち》・摂津《せっつ》・和泉《いずみ》・山背《やましろ》（山城）の五カ国を畿内《きない》とし、その他の地域を山陽道《さんようどう》・山陰道《さんいん》・西海道《さいかい》・東海道《とうかい》・東山道《とうさん》・北陸《ほくりく》道・南海道《なんかい》の七つに区分した。この「道《どう》」とは、道路ではなく、現在の北海道の「道」と同じ行政単位である。そして、都からこの七つの地域に向かう駅路を整備した。

冒頭で述べたように、想定されている駅路の総延長は六三〇〇キロメートルにもおよぶ。この距離は、一九六六年に計画された高速道路網のうち、北海道を除く総延長（六五〇〇キロメートル）に匹敵する。つまり、国分寺市で見つかったような道路が全国各地に張り巡らされていたのである（図表1）。

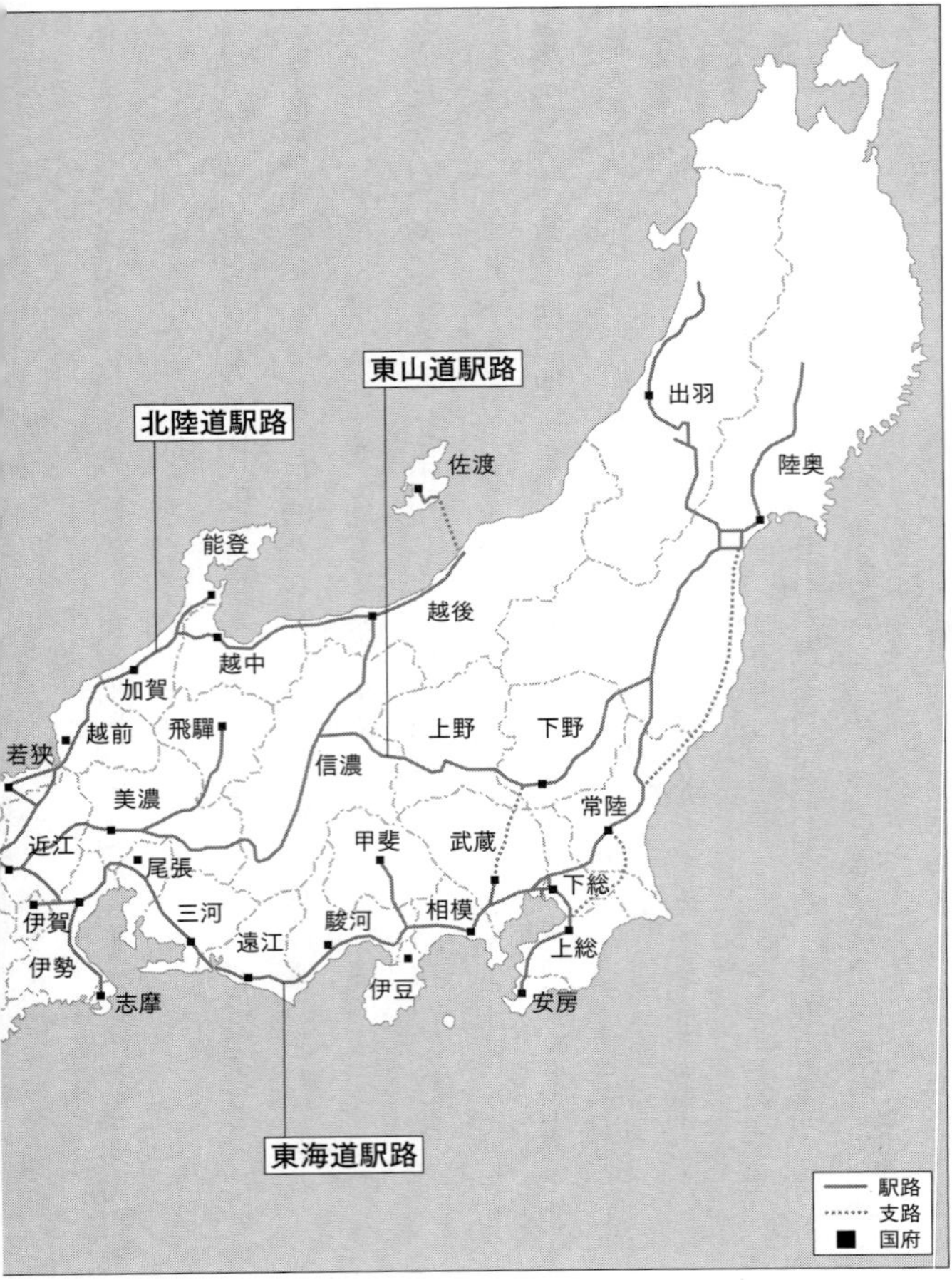
東山道駅路
北陸道駅路
東海道駅路
出羽
陸奥
佐渡
能登
越後
越中
加賀
越前
飛驒
若狭
上野
下野
信濃
美濃
常陸
近江
甲斐
武蔵
尾張
下総
伊賀
三河
駿河
相模
遠江
上総
伊勢
伊豆
志摩
安房
駅路
支路
国府

図表1『延喜式《えんぎしき》』に見られる駅路

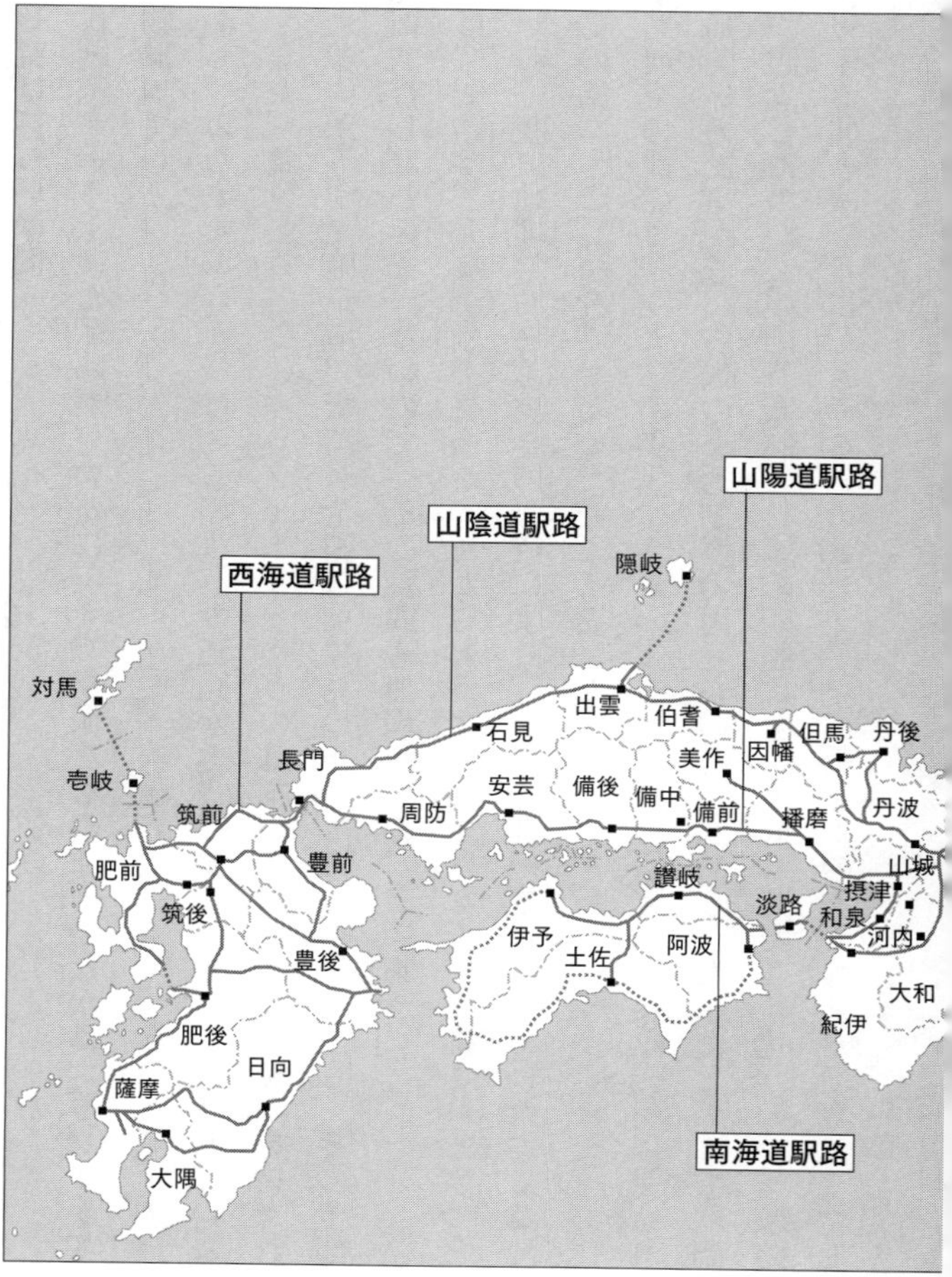

駅路研究は新しい学問

古代国家が造り上げた駅路が、いかに巨大で立派なものであったかは、写真1が如《によ》実《じつ》に物語っている。

しかし、みなさんのなかには、このような道路が本当に全国に張り巡らされていたのか、また、総延長六三〇〇キロメートルというのは本当だろうか、と疑問を持たれる方も多いだろう。確かに、駅路が全国各地で見つかっているといっても、その全部を発掘調査したわけではないので、その疑問も無理からぬことである。

実は、駅路は、発掘調査で見つかったからわかったのではなく、発掘されるずっと以前から、歴史地理学や文献史学の研究により、その存在が推定されていた。ここでは、その話をすこし紹介させていただくことにしよう。

駅路研究の開始は、一九二〇年代にさかのぼる。当時の研究は、文献史料に見られる交通関係の記事から、古代の交通制度の復元を中心に進められた。たとえば、駅制はいつ成立したのか、中国の駅制と日本の駅制はどこが同じでどこが違うのか、駅路を利用する使者は一日にどれくらいのスピードで移動したのか、などが研究テーマとなっていたのである。

そのため当時は、駅路そのものに関心が払われることは少なく、その規模や構造については、踏み分け道を拡大・整備した程度の小規模なもの、と予想されていた。というのも、江戸幕府が造った五街道（東海道・中山道《なかせんどう》・甲州道中《こうしゅうどうちゅう》・日光道中《にっこう》・奥州道《おうしゅう》中）ですら幅三・六メートル程度の屈曲《くっきょく》する道路であること、さらに律令国家が手本とした中国の古代道路の実態が不明であったことも手伝って、駅路は、近世の街道よりも未発達なものと考えられていたのである。

一九七〇年代前半になると、歴史地理学の立場から、積極的に駅路の路線復元がなされるようになった。歴史地理学とは、地表に残る地割《じわ》りなどの痕跡《こんせき》や地名の分析に、文献史学や考古学、さらには自然科学的な成果の検討を加え、歴史の復元を行なう研究分野である。

私たちの祖先は、自らの力で土地を切り開き、長い年月をかけて生活域を拡大してきた。そのため、機械による大がかりな土木工事が行なわれたことのない土地には、現在でも祖先たちの土地との格闘の歴史が、土地の形や区画となって残っている。

写真2は、戦後まもなく、米軍により撮影された奈良市内の航空写真の一部分である。線で示したような蛇行《だこう》した地割りが写っているが、この地割りは発掘調査によって、平城京を造る時に埋められた川の跡であることが確かめられた。

このように、一三〇〇年以上前の土地の状況が、現在でも地割りとして残っている事例は、けっして珍しいものではなく、全国各地で見ることができる。そして見慣れてくれば、誰でも地図や航空写真などから、昔の地形や構造物を探し出すことができる。

古代道路も例外ではなく、地図や航空写真などを丹念に調べていけば、その痕跡を確認することができる。そして、そういった地割りと周辺の遺跡の分布状況や、地名などを併《あわ》せて検討することによって、駅路を復元するのである。

特に駅路の場合は、沿線に「駅家《うまや》」という駅路を通る公《おおやけ》の使者らが利用する施設が約一六キロメートルごとに配置されており、その名前は平安時代の文献『延喜式』などに記されている。そして、駅家の名は現在でも地名として残っているものが多いため、それをヒントに駅路の大まかな場所を知ることもできるのである。

写真2 地表に残る1300年前の川の跡

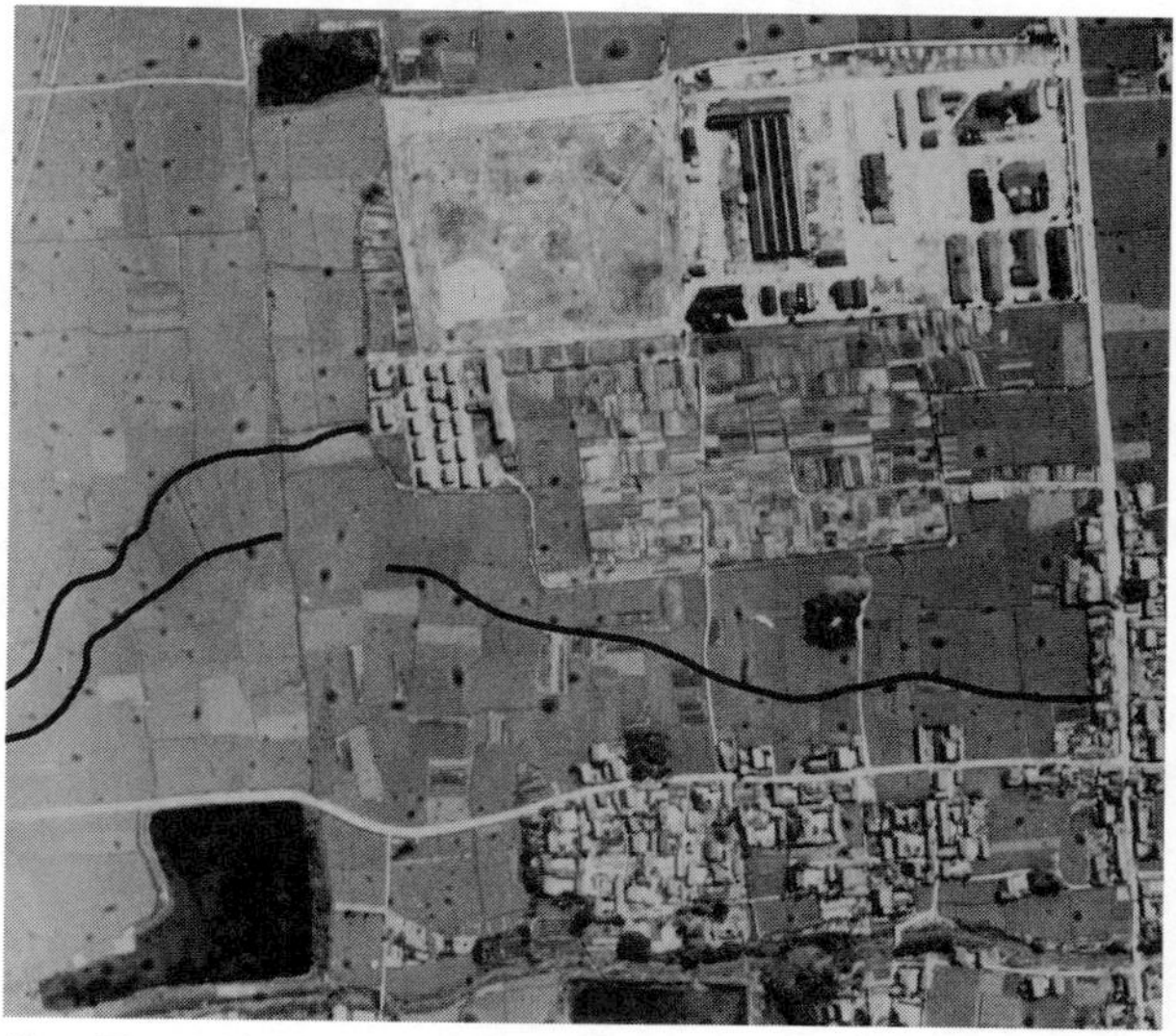

線で示した地割りが、奈良時代に埋められた川の跡である。地形を観察すると、古代の土地の様子がわかることが多い

（写真／日本地図センター）

このような地道な研究が実を結び、一九七〇年代後半には、駅路の路線図が完成した。

そして、一九八〇年代になると、全国各地で駅路の跡が発掘調査で見つかるようになった。

そのなかには、歴史地理学による復元どおりの場所で見つかったものも多い。

もちろん、歴史地理

学で復元された路線のすべてが正しかったわけではなく、まったく予想していなかった場所から駅路が見つかったこともある。その時は、改めて見つかった駅路周辺の地割りや、沿線の遺跡を検討し、推定路線の修正を行なっていった。

こうして一九八〇年代以降、歴史地理学、考古学、文献史学の三つの視点で研究されてきた結果、現在では、推定路線上を発掘調査すれば、多くの場合、駅路の跡を見つけられるほど、その復元精度は高まっているのである。

発掘された駅路とその特徴

続いて、発掘調査で見つかる駅路の特徴についてお話ししたい。現在まで、山陽道駅路、山陰道駅路など七路線すべてが、発掘調査で確認されている。それによって、駅路の規模や、造りかたに関するデータが飛躍的に増加した。

その幅は、最小で六メートル程度、最大では三〇メートルを超えるなど多様であり、構造などの細部は、調査地点ごとに異なる場合が多い。しかし、以下の三点については、すべての駅路に共通している。

ひとつ目の特徴は、「都と地方とを結ぶ全国的な道路網であり、その路線計画にあたっては、直進性が強く志向されている」点である。

これについては、歴史地理学の立場からすでに指摘されていたが、先述のように、推定路線上を発掘調査することにより、復元された路線の検証がなされ、その想定が正しいことが証明されている。

駅路が造られた頃の日本は、現在の都道府県に相当する国と呼ばれる地方行政単位があり、都道府県庁に相当する国府《こくふ》という役所が置かれていた。そして、国には、現在の市町村に相当する郡（大宝律令制定以前は評《ひょう・こおり》と呼ばれていた）という行政単位があり、郡衙《ぐんが》（評衙《ひょうが》）という役所が市町村役場の役割をはたしていた。

国では、中央政府から派遣された国司《こくし》という役人が、現在で言う知事の地位にあり、郡では、地元の有力者が、郡司《ぐんじ》という市町村長の役目を担《にな》っていた。

国司が国を統治するためには、郡を支配しなければならない。そのためには、国府と郡衙とを結ぶ交通網の整備が不可欠だが、その役割をはたす道路は、「伝路《でんろ》」と呼ばれた別の道路であった。

駅路は地方都市どうしを結ぶことなく、ただひたすらまっすぐに都へと向かっていたのである。現在にたとえれば、駅路は高速道路や国道1号線などの一桁《ひとけた》国道、伝路はその他の国道や都道府県道に相当する。

ふたつ目の特徴は、「道路の幅を視覚的にとらえられるよう、幅を明示するための施設を持っている」点である。

道路幅を示すための施設とは、具体的には側溝を指す。側溝と聞くと、排水のための施設だと思われるかもしれない。しかし駅路の側溝は、必ずしもその役割をはたしていなかった。というよりむしろ、排水の役割をはたさないものが多いのである。発掘調査で見つかる側溝の多くは、途中でとぎれていたり、底《そこ》が凸凹《でこぼこ》だったりする。水が流れた痕跡が認められる例はまれである。また、盛り土により造られた駅路や、地面を大きく切り開いて造った駅路では、側溝そのものが造られていない場合も多い。

つまり、駅路の側溝とは、道路の幅を明示するための施設だったのである。先に紹介したように、駅路は直線である。そして、側溝によって幅を明示することにより、道路そのものを立派に見せる効果を狙《ねら》ったと考えられる。

話はそれるが、平安時代に薬師寺《やくしじ》の僧、景戒《けいかい》によって書かれた仏教説話集『日本《にほん》霊異記《りょういき》（正式書名『日本国現報善悪霊異記《にほんこくげんほうぜんあくりょういき》』）』には、光仁《こうにん》天皇（七七〇年即位、七八二年没）時代の出来事として、当時の道路の様子が記されている。


大和国鵤《いかるが》の聖徳王《しょうとくおう》の宮《みや》の前の路《みち》より、東を指して行く。其《そ》の路鏡《かがみ》の如《ごと》くにして、広さ一町許《ちょうばかり》なり。直《なほ》きこと墨縄《すみなわ》の如し。辺《ほとり》に木草立てり。（下巻　第一六）

一町とは約一〇九メートルであり、あまりにも大げさであるが、墨縄（＝墨糸《すみいと》。直線を引くために使う道具の墨壺《すみつぼ》に付いている糸）で引いたように、まっすぐで、鏡面《きょうめん》のように平らな路面とは、当時の人々が見た道路そのものを描写しているように思える。

どこまでも続くまっすぐで幅広の道路。それを目《ま》の当たりにした当時の人々は、必然的に、それを造り上げた国家の力の強大さを感じただろう。すなわち駅路には「国家権力を人々に見せつけるための象徴」という意味合いがあったことがわかるのである。

三つ目の特徴は、「通行の安全性、もしくは安定を計《はか》るため、さまざまな土木工法を用いるとともに、その補修や維持管理についても力が注《そそ》がれている」点である。

発掘調査で見つかる道路の多くは、路面が削り取られてしまったものが多く、造りかたが判明する事例は少ないが、基本的に、土地が軟弱な場所を通過する場合は、盛り土を行ない、丘陵《きゅうりょう》部分では、地面を大きく掘り下げて切通《きりどお》しとするなど、地形・地質に合わせた工法を採ることがわかっている。

また、用いられている工法も多様で、頑丈《がんじょう》な道路を造るという目的に合致するよう、当時の土木工法のなかで考え得る、あらゆる工法を用いているのである。

路面が残っている駅路のなかには、繰《く》り返し補修された痕跡が認められるものもある。このことは、いかに大事に駅路が維持・管理されてきたかを伝えている。

いつ、誰が、何のために造ったのか

ここまで見てきたように、駅路とは、中央と地方とを結ぶ古代のハイウェイであり、また、国家権力を地方にまざまざと見せつける、支配装置でもあった。駅路建設は、律令国家建設に伴う国家的なプロジェクトとして、行なわれたことは疑いない。

しかし、どういうわけか、駅路を造ったという記事が文献史料にはまったくない。そのため、駅路がいつ、誰の手により、どんな目的で造られたのかは、謎に包まれている。

この謎を解き明かすためには、駅路が造られた時代背景を読み解くことはもちろん、駅路沿線の遺跡の内容やそのありかた、古代の交通制度の分析など、多角的な視点での検討が必要になる。つまり、文献史学、歴史地理学、考古学などの成果を総動員しなければならないのである。

駅路が造られた七世紀という時代は、みなさんもご承知のように、激動の時代である(図表2)。中大兄皇子《なかのおおえのおうじ》らによる蘇我入鹿《そがのいるか》暗殺事件(乙巳《いっし》の変《へん》)を契機に進められた、大化の改新という一連の政治改革。そして朝鮮半島の動乱に武力介入し、白村《はくすきの》江《え》の戦いの敗戦により、逆に唐と新羅《しらぎ》の連合軍の影におびえることとなった天智《てんじ》天皇の治世《ちせい》前半。

さらに、天智天皇の死により勃発した皇位継承争いである壬申《じんしん》の乱と、勝利者天武天皇による国政改革、我が国最初の中国風の都である藤原京の建設、そして平城遷都など、わずか六〇年あまりの間に、日本史上、大きな事件が次々と起こった。この激動の時代に、駅路は造られているのである。

この一連の歴史のなかに、駅路という全国的な直線道路網を必要とする、何らかの政策が行なわれた。逆に言えば、駅路は、この間に行なわれた何らかの政策を達成する目的で造られたと考えられる。

先述のように、駅路は律令国家の緊急通信制度で利用される道路のことであり、駅制というソフト事業を具現化するためのハード事業である。

しかし、たとえば現在の道路建設事業が、単なる渋滞緩和《じゆうたいかんわ》だけの目的で行なわれるのではなく、市街地の再整備や物流の促進など、複合的な意図を持つように、ハード事業とは、たったひとつの目的を実施するためだけに行なうことはまれであり、そ

図表2　6〜8世紀の関連年表

年号	主な出来事
587年（用明2年）	蘇我馬子、物部守屋を滅ぼす
592年（崇峻5年）	蘇我馬子、東漢直駒に命じ崇峻天皇を殺害。推古天皇、豊浦宮で即位
603年（推古11年）	冠位十二階の制定
607年（推古15年）	小野妹子、隋に派遣される
643年（皇極2年）	山背大兄王家滅亡
645年（大化元年）	乙巳の変、蘇我宗本家滅亡。難波遷都
646年（大化2年）	改新の詔
653年（白雉4年）	孝徳天皇と中大兄皇子不和となり、皇子は天皇を難波に残し、飛鳥へ戻る
654年（白雉5年）	孝徳天皇、難波で崩御
655年（斉明元年）	斉明天皇即位。首都飛鳥の建設
660年（斉明6年）	百済滅亡
661年（斉明7年）	斉明天皇、筑紫で崩御
663年（天智2年）	白村江の戦い
665年（天智4年）	長門と筑紫に城を築く
667年（天智6年）	近江遷都
668年（天智7年）	天智天皇即位。近江令成立?
670年（天智9年）	この頃までに戸籍(庚午年籍)が作られる
671年（天智10年）	天智天皇、崩御
672年（天武元年）	壬申の乱
673年（天武2年）	天武天皇即位
676年（天武5年）	天武天皇、藤原京の造営開始
681年（天武10年）	飛鳥浄御原令と日本書紀の編纂開始
686年（朱鳥元年）	天武天皇、崩御
689年（持統3年）	飛鳥浄御原令完成
694年（持統8年）	持統天皇、藤原遷都
701年（大宝元年）	大宝律令完成
710年（和銅3年）	平城遷都

こにはいくつかの政策的な意図が隠されている。それが国家プロジェクトとなれば、なおさらであり、駅路を造ることには、単に緊急連絡網を整える以外の目的が必ずあるはずである。

駅路が持つ、緊急通信以外の意図。これも史料を読み取ることや、実際に駅路が通過している場所の沿線にある、同時代の施設のありかたなどを分析することによって、解明されると考える。

駅路を考えるうえで、もうひとつ大事なことがある。それは、これほどまでに立派な道路が、どういうわけか、ある時期に廃絶したことである。国家が総力を挙げて造った道路網が、なぜ廃絶したのか。その理由を考えることは、単に古代史を楽しむということだけではなく、これからの道路のありかたを考えるために、何らかの示唆《しさ》を与えてくれるかもしれない。

現在の日本の道路は、自動車の普及と、それを利用した物流の発達に応《こた》えるために、次々と整備されてきた。しかしそのいっぽうで、道路建設に必要な多額の費用をめぐり、さまざまな問題が指摘されていることも事実である。

そうしたなか、これからの道路網はどうあるべきかという問題も、道路の必要性の議論とその陰《かげ》にひそむ利権の話が混在してしまい、複雑化している印象も受ける。

こういう時代だからこそ、日本人がどのような道路を、どのような目的で造ってきたか、そしてそれが、なぜ現在まで受け継がれてこなかったのか、という問題を考えることは、大いに意味があることだろう。

それでは、まず、駅路が誕生した時代背景からご紹介しよう。

第二章　なぜ、造られたのか

日本で最初の直線道路

前方後円墳《ぜんぽうこうえんふん》という日本独特の形をした古墳がある。文字どおり方形と円形を組み合わせた、鍵穴《かぎあな》のような形をしたこの古墳は、北は岩手県から南は鹿児島県まで各地で認められるが、そのひときわ大きなものは、現在の奈良県と大阪府に集中している。

これらの古墳は、古墳時代の王の墓であり、巨大な前方後円墳がある場所こそが、古墳時代の日本の中心であった。巨大な古墳を造るためには、大勢の人々を動員する必要があり、また、高度な測量技術や土木技術も必要であった。

古墳時代の王たちは、それらを手に入れ、このような巨大な前方後円墳を造ったのである。日本で最初に直線道路が造られた場所も、こうした巨大な古墳が集中する奈良県と大阪府であった。

古墳時代も終わりを告げようとしている六世紀後半。聖徳太子《しょうとくたいし》の父である用明天《ようめい》皇の元には、ふたりの有力な豪族がいた。ひとりは、天皇家の家臣でこの国の軍事や祭祀《さいし》を担っていた物部守屋《もののべのもりや》。そしてもうひとりが、卓越した財務能力を持ち、最新の技術を持つ渡来人《とらいじん》を従え、にわかに勃興《ぼっこう》した新興豪族・蘇我氏の若き当主、蘇我馬《うま》子《こ》である。両雄並び立たずの言葉どおり、両者は常に反目しあっていた。

用明天皇が崩御《ほうぎょ》した用明二年（五八七年）、両者はついに激突する。当初、軍事力に長《た》けた物部氏が優位と思われていたが、ひそかに皇族や他の豪族を味方につけていた蘇我馬子が、この戦いを制し、ついに権力の頂点に立った。

馬子は、崇峻《すしゅん》天皇を皇位につけたが、ほどなく両者の間が不和となり、天皇は崇峻五年（五九二年）、馬子の密命を受けた東漢直駒《やまとのあやのあたいのこま》によって暗殺される。その後に即位したのが、日本最初の女帝である推古《すいこ》天皇である。推古天皇は、宮殿を今までの磯城《しき》・磐余《いわれ》の地（現在の奈良県桜井《さくらい》市）ではなく、豊浦《とゆら》の地（同高市《たかいち》郡明日香《あすか》村）に置いた。これ以後、一時的に他の場所に宮殿が置かれることがあっても、基本的には天皇の宮殿は飛鳥に固定化されることになる。飛鳥時代の始まりである。

推古天皇は、馬子や聖徳太子の補佐を受け、さまざまな政策を行なった。役人の位《くらい》を定めた冠位十二階《かんいじゅうにかい》、溜池《ためいけ》などの灌漑《かんがい》施設の整備、仏教興隆《こうりゅう》政策、そして対中国外交の開始である。推古天皇の時代は、「変革と国際化の時代」とも称され、海外からもたらされた最新の知識や技術をフル活用し、国づくりに邁進《まいしん》した時代でもあった。それを支えたのが、馬子と聖徳太子というふたりの開明的な政治家たちである。

日本で最初の直線道路も、どうやらこの時期に造られたらしい。図表3で示したのが、推古天皇の時代の奈良・大阪の道路網である。

この当時、中国や朝鮮半島では直線的な道路網が存在しており、そのことは渡来人がもたらした情報により、当時の日本の政治家もすでに知っていたのであろう。また『日本書紀《にほんしょき》』にも、道路造りの記事が見える。推古二十一年（六一三年）には、難波《なにわ》と都とを結ぶ大道《おおじ》を造ったとある。

これらの道路は発掘調査でも見つかっており、その幅は二三メートル以上、東西南北に方位をそろえているのが大きな特徴である。

また、奈良盆地を縦走《じゅうそう》する上《かみ》ツ道《みち》、中《なか》ツ道、下《しも》ツ道という三

図表3 奈良・大阪の古代道路網

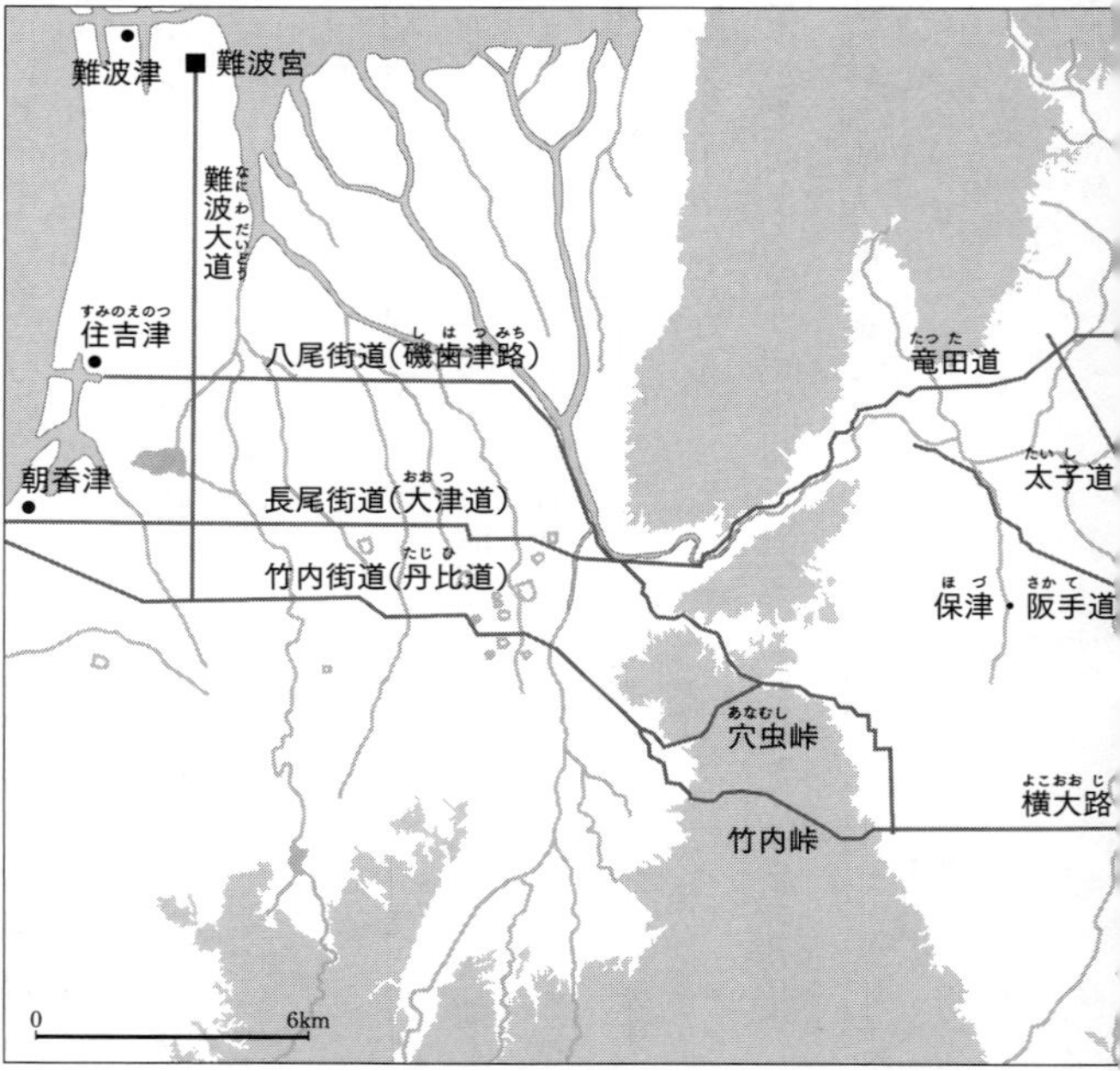

本の南北道路が、等間隔に配置されるなど、高い計画性をもって一体的に整備されたということがわかる。

　私は、これらの道路を、蘇我馬子が渡来人の技術を用いて計画・設計したものであり、物資の運搬や土地を区画すること、そして何よりも日本の中心地にふさわしい景観を整えるために、構築したと考えている。そのあたりの話は、拙著『道が語る日本古代史』(朝日新聞出版)で書かせていただいた。

しかし、このような直線道路網は、この時期、まだ奈良と大阪といった都周辺に限って存在しただけであり、全国的な道路網として展開するには、もうすこし時間がかかった。

古墳造りもそうだが、大規模な土木工事を行なうには、大勢の労働力を集める必要がある。しかも、古墳のような構築物であれば、造ろうとする場所に集中的に労働力を投入すればよいが、全国的に直線道路を造る場合は、それぞれの地域を意のままに操《あやつ》り、国家が定めた計画どおり、地域ごとに工事を行なわせるだけの強力な支配体制の構築が不可欠となる。

日本がそのような支配体制を構築できるようになるのは、律令国家という強力な中央集権体制を完成させてからのことである。

蘇我入鹿《そがのいるか》死す

時は皇極《こうぎょく》四年（六四五年）六月十二日。飛鳥板蓋宮《あすかいたぶきのみや》では、朝鮮半島の三国（新羅・百済《くだら》・高句麗《こうくり》）からの、皇極天皇に対する貢《みつ》ぎものを受け取るための儀式が、厳《おごそ》かに行なわれていた。天皇の傍《かたわ》らには、皇太子古人大兄皇子《ふるひとのおおえのおうじ》とともに立つ、時の権力者、蘇我入鹿の姿があった。入鹿は威風堂々とした態度で、従兄弟《いとこ》の蘇我倉山田石川《くらやまだのいしかわ》麻呂《まろ》が読み上げる三国からの書状に聞き入っていた。

入鹿の曾祖父稲目《いなめ》は、卓越した財務能力を発揮し、無名だった蘇我氏を一躍大臣《おおおみ》の位にまで引き上げ、国家の重鎮の位置に座り、祖父の馬子は、最大のライバル物部守屋を打倒し、権力の頂《いただき》に立った。

偉大な曾祖父と祖父に比べ、父の蝦夷《えみし》は迫力に欠け、人物的にもやや劣っており、一族の内紛や豪族の離反を招いたものの、蘇我氏のその卓越した経済力と、大臣家としての家格の高さは、いまだ他を寄せつけぬものだったし、入鹿自身も、当代随一の学僧である旻《みん》から、類《たぐい》まれなる秀才と称された人物である。入鹿は、蘇我氏の栄光を再び取り戻すだけではなく、自らが日本の舵取《かじと》りを行なう意欲に燃えていたし、その自信もあった。

しかし、この時、蘇我氏を打倒して新しい国家をつくろう、と考えている人物が物陰にひそんでいた。後の天智天皇こと、中大兄皇子である。石川麻呂の読み上げる書状が終盤にさしかかった頃、中大兄皇子は、自ら躍《おど》り出て槍《やり》で入鹿を突き、続いて皇子の同志、佐伯連子麻呂《さえきのむらじこまろ》らも飛び出して、入鹿の頭と肩を斬りつけた。

天皇の御座《ぎょざ》の前に転《ころ》げ出て、「私に何の罪があるのか。お裁《さば》きください」と言う入鹿。中大兄皇子の「入鹿は皇族を滅《ほろ》ぼして、皇位を奪おうとしました」との答えを聞き、静かに座を立ち、殿中《でんちゅう》へ退《しりぞ》く天皇。

天皇が姿を消してしばらく後、宮殿の庭には、折からの大雨に容赦《ようしゃ》なく打たれる、時の権力者の無惨な亡骸《なきがら》があった。

凶報を甘樫丘《あまかしのおか》にある館《やかた》で聞いた父蝦夷は、飛鳥寺《あすかでら》に結集した中大兄皇子軍を見て、すでに刃向かうことができないことを知り、自ら館に火を放ってはてた。ここに、稲目以来、四代にわたり権力の頂点に君臨した、蘇我本宗家《ほんそうけ》は滅びた。館を焼く紅蓮《ぐれん》の炎は、蘇我氏四代の栄光も権勢もすべて焼き尽くすと同時に、天皇を中心とす

写真3　飛鳥板蓋宮から見た甘樫丘

飛鳥板蓋宮から、蘇我蝦夷・入鹿親子の館があった甘樫丘を望む。発掘調査では、舒明天皇の岡本宮、皇極天皇の板蓋宮、斉明天皇の後岡本宮《のちのおかもとのみや》、天武天皇の飛鳥浄御原宮の4時期の遺構が重なっていることがわかった

る新しい時代の到来を予見するかのようであった。

この事件が乙巳の変であり、ここから歴史の表舞台は難波の地へと遷《うつ》り、大化の改新と呼ばれる一連の政治改革が始まるのである。

乙巳の変から二日後の六月十四日。皇極天皇が退位、その弟の軽皇子《かるのおうじ》が即位し、孝徳《こうとく》天皇となった。蘇我本宗家滅亡の立役者、中大兄皇子は、皇太子として国政に参加することになる。また、名門阿倍《あべ》氏の当主阿倍内麻呂《うちまろ》を左大臣《さだいじん》、蘇我倉山田石川麻呂を右大臣《うだいじん》、そして中大兄皇子の政策ブレーンである中臣鎌足《なかとみのかまたり》を内臣《うちつおみ》、留学経験があり、隋の支配制度にくわしい高向玄理《たかむこのくろまろ》と旻を国博士《くにはかせ》とした。

　蘇我氏の時代は、有力豪族を大夫《まえつきみ》に任命して、政治に参加できる資格を与えたが、彼らを統括する立場にあったのが大臣の蘇我氏である。つまり、必然的に蘇我氏が豪族代表という地位となり、天皇に対しても強い発言力を持っていた。それに対し、新体制は天皇が頂点に座り、皇太子が補佐し、その下で左右大臣が実務を統括するという体制であった。

　さらに皇太子には、内臣、国博士という政策ブレーンがおり、政策決定に大きな影響を与えるなど、天皇─皇太子のラインが、政策の立案・決定できるシステムに改変された。天皇と皇太子の権限が強化されたのに対し、豪族の権力が相対的に低下したのである。また、我が国ではじめて元号《げんごう》「大化」も制定した。

　この年の十二月には、天皇は長年、住み慣れた飛鳥の地を後にして、都を難波の地に遷した。難波は、当時の外交窓口であり、外国からの正式な使者は難波で迎えられ、そこで数日過ごした後に、飛鳥へと向かうのが通例だった。新政府は、その外交窓口に自ら進出したのである。

律令国家の改革

そして大化二年（六四六年）一月には、改新の詔《みことのり》と呼ばれる新政権の所信表明演説とも言える、新たな政策を打ち出した。その政策は、律令国家の建設を目的としたもので、大きくは以下の四つからなる。

ひとつ目は、「それまでの豪族の私地（田荘《たどころ》）や私民（部民《べみん》）をやめて、すべて天皇のものとする」である。

これは公地公民《こうちこうみん》という制度であり、律令国家の根幹となる部分である。それまでは、有力豪族が自分の土地を持ち、人々を使役していた。物部氏や蘇我氏などの大豪族ともなると、莫大な土地と民《たみ》を抱えていた。そして天皇や皇族も、同じように自分の土地と民を持っており、その意味では天皇も豪族も同列であった。

この政策はこれを改め、すべての土地と民は天皇のものとし、それを豪族に管理させるというものである。これによって、天皇は、すべての土地の収穫物を税として得ることが可能になるし、大豪族であっても天皇の財産を預《あず》かっているのだから、その上下関係は明確となり、天皇の支配力の強化にもつながるのである。

もちろん、蘇我本宗家が滅んだとはいえ、まだまだ力のある豪族は数多く、既得権益をめぐり、壮絶なせめぎあいがあったことは予想できる。そのため、この政策については、実現されなかったとする見かたもあるが、いっぽうで中大兄皇子が、自ら所有する土地や民を差し出したことが知られており、ある程度、実効性も伴《ともな》っていたと考えられている。

ふたつ目は、「今まであった国や県《あがた》などを整理し、のちの国―郡につながるような形に編成しなおす」である。

これを国郡《こくぐん》制度という。これまでの地方行政システムは、地元の豪族が実質的に支配しており、その境界や支配地内の行政区分のしかた、支配方法なども曖昧《あいまい》だったが、それらをすべて国が定めるルールに則って、設定しなおそうとするものである。

現在で言えば、地方行政単位を都道府県―市町村に、整理しようとするものであるが、既得権益を持つ豪族からの反発もあるだろうし、簡単にできるものではない。実際には、所期の目的を達成するまでには長い年月を要したようである。なお、この政策と同時に、緊急通信制度である駅制も整《ととの》えられたとあるが、この話は、後ほど改めて説明したい。

三つ目は、「戸籍と課税台帳である計帳《けいちょう》を作成し、土地を国民に貸し与える」で、班田収授《はんでんしゅうじゅ》の法と言われるものである。

現在の戸籍や住民票のようなものであり、これにより国が国民ひとりひとりを掌《しょう》握《あく》することが可能となり、税金を納める年齢の人がどこにどれだけいるか、兵役につく人がどれだけいるかなども把握できるのである。

戸籍そのものは、蘇我稲目が欽明《きんめい》三十年（五六九年）に、吉備《きび》（現在の岡山県）の白《しら》猪屯倉《いのみやけ》の住民を対象として作ったことが知られているが、全国規模で作られたのは、天智九年（六七〇年）の庚午年籍《こうごねんじゃく》であると考えられており、それ以前のものは、まだ全国を網羅したものではなかった。

四つ目は、「国民に税や労役を負担させる制度の導入」であり、租《そ》・庸《よう》・調《ちょう》の三つである。

租とは、貸し与えられた田の面積に応じて、稲を納めるものである。庸とは、成人ひとりに課せられる労役の代わりに納める布などの代納物を指す。調とは、諸国の産物を納めるものである。これらは、国家を運営するための基本財源であり、現在の税金と同じである。

この四つの政策以外にも、官僚機構の整備や役職の世襲の禁止、大きな墓を造ることを禁止するなど、さまざまな政治改革が行なわれたとある。何度か触れてきたように、これらの政策は一朝一夕《いっちょういっせき》にできるものではない。

また、この詔に記された「郡」という言葉は、大宝律令（七〇一年）以後に用いられる言葉で、この頃は「評」と記されていたことが、発掘調査で出土した木簡《もっかん》などから判明するなど、記載された言葉のところどころに後世の潤色《じゅんしょく》が見られる。そのため、大化の改新という政治改革そのものを『日本書紀』の潤色とする見かたもある。

しかし発掘調査によって、孝徳天皇の難波宮《なにわのみや》は、それまでの飛鳥の宮よりもはるかに巨大で、施設も整っていたことが判明している。また、当時の地方支配の最小単位である「五十戸《さと》（後の「里」に継承される）」の文字が見える、大化五年（六四九年）から天智三年（六六四年）の間に書かれた木簡が飛鳥で出土していることから、改新の詔に見られる諸政策のいくつかは、実行に移されていたことがわかっている。

蘇我本宗家という最大の権力者を倒して成立した新政権は、天皇を中心とした中央集権国家への道を確かに歩んだのであり、律令国家建設のために必要な政策も、実行していた。

ただし、律令国家への道は平坦ではなく、さまざまな既得権益が立ちふさがった。そのため、改新の詔で示した政策の多くも、実現までには至らなかったが、ここに新しい日本が目指すべき方向性は示された。つまり、律令国家へのロードマップは作り上げられたのである。

想像を絶する土木工事

一見《いっけん》、順調に進んだようにも見える諸改革であるが、思わぬところで頓挫《とんざ》する。それは、孝徳天皇と中大兄皇子の政治的対立である。白雉《はくち》四年（六五三年）、中大兄皇子は、先の皇極天皇や群臣を引き連れ、飛鳥へと帰ってしまう。ひとり残された孝徳天皇は孤立し、翌年に崩御する。代わりに、皇極天皇が再び天皇の位につき（重祚《ちようそ》）、斉明《さいめい》天皇となった。

斉明天皇は、飛鳥の地で次々と大規模な土木工事を行なったが、これらの土木工事は、人々の怨嗟《えんさ》の的《まと》となった。孝徳天皇の子である有間皇子《ありまのおうじ》は、天皇の政策に反発し、反旗を翻《ひるがえ》そうとするが、露見《ろけん》して刑死する。

近年、奈良県高市郡明日香村では、斉明天皇の時代に造られた、想像を絶するような遺構が次々と見つかっている。写真4は、天皇の後岡本宮の西方で見つかった巨大な庭園、飛鳥京苑池《あすかきようえんち》遺構である。また『日本書紀』にも見える両槻宮《ふたつきのみや》と考えられる遺構は、奈良県天理《てんり》市で産出された砂岩《さがん》を直方体に加工し、積み上げ、石塁《せきるい》としたものであった。

さらにその北側の谷筋では、亀形石槽《かめがたせきそう》と呼ばれる、精巧な石像物を中心とした遺構が見つかっている。この他にも、飛鳥に点在する謎の石像物の多くが斉明朝のものと想定されるなど、それまでの飛鳥の景観を一変させるような工事が次々と行なわれた

写真4 水を湛《たた》えた巨大庭園

儀式や国内外の使節の接待などに利用されたと考えられる。壮麗な建築は、内外に国力を示すバロメーターでもあった

（写真／阿南辰秀撮影、奈良県立橿原考古学研究所提供）

ことがわかった。

もちろん、この一連の工事のなかには、道路網の整備も含まれていた。

現在も行なわれている発掘調査では、しばしば直線的な道路跡が見つかっているが、そのうちのいくつかは、この時代に整備されたものである。

この斉明天皇の政策は、飛鳥の地を首都にふさわしい堂々たる都市に整備する目的だったと考えられるが、動員された人々にとっては、単に苦痛をもたらす悪政として受け止められたようである。また、斉明天皇は、斉明四年（六五八年）に阿倍引田比羅夫《あべのひけたのひらふ》を派遣して、日本海沿岸の蝦夷《えみし》の経略を行なった。この遠征は、四年から六年にかけて三次にもおよび、比羅夫は北海道まで攻め入ったという。

このように、難波から飛鳥に遷った新政権が行なったことには、公共工事と戦争の記事が目につき、難波であれほど熱心に進めていた律令国家に向けての政策関係の記事は影をひそめてしまう。

誰よりも強く、律令国家の建設を目指していた中大兄皇子のことだから、この間、制度の整備や推進を怠《おこた》っていたわけではあるまい。むしろ、改新の詔で示した方針をさらに、強力に推《お》し進めていたのであろう。もしかしたら、この時期は、政治的方針が決まったので、それに伴うハード面の整備を行なっていたのかもしれない。

そのように考えれば、立派な宮殿や諸施設の建設は、まさに国家の頂点に君臨する天皇にふさわしいものであり、この他にも水時計を造ったり、巨大な運河を掘っていることも、新しい都の建設に伴う工事と考えられる。

改新政府が進めてきた律令国家建設のための政策は、ソフトの整備とともにハードの整備も行なう段階に入ったのである。

白村江《はくすきのえ》の敗戦と国土防衛

飛鳥で新たな都づくりが着々と進むなか、海のむこうの朝鮮半島では、大きな事件が起こっていた。日本の長年の友好国、百済が、唐・新羅連合軍により滅ぼされたのである。斉明六年（六六〇年）のことである。

百済遺臣団からの救援要請を受けた天皇は、来日していた百済の皇子豊璋《ほうしょう》の帰還を認め、百済復興戦争に加わることを決定する。そして翌七年、中大兄皇子とともに、筑紫《つくし》（現在の福岡県）に向かい、朝倉橘広庭宮《あさくらのたちばなのひろにわのみや》に派遣軍の本営を置くが、病《やまい》を得、彼《か》の地で崩御する。六八才であった。

斉明天皇の死を受けて、皇太子の中大兄皇子は、即位せずに政務を引き継いだ。これを称制《しょうせい》という。百済救援は、天皇の死にもかかわらず継続された。

日本軍は、合計二万七〇〇〇人ほどの兵を三軍に分け、一〇〇〇隻余りの船で海を渡った。天智二年（六六三年）、白村江河口で、唐・新羅連合軍と日本・百済連合軍は激突する。地方の豪族軍により編成されていた日本軍の活動は、指揮命令系統が整っておらず、唐・新羅連合軍の巧《たく》みな戦術の前に大敗する。失った船は四〇〇隻余りにもおよび、敗れた日本軍は、残った船に、兵と多数の亡命百済人を収容し、帰還した。

記録的な大敗を目の当たりにした中大兄皇子を首班とする政府首脳は、唐・新羅連合軍の来襲を恐れた。朝鮮半島は、高句麗・新羅・百済の三国が鼎立《ていりつ》することにより、パワーバランスが保たれていたが、唐の攻撃による高句麗の疲弊《ひへい》、そして百済の滅亡により、一気にそのバランスが崩れたのである。唐・新羅からしてみると、後顧《こうこ》の憂《うれ》いなく、日本に派兵できる条件が整ったのである。

日本は敗戦後、間《あいだ》を置くことなく、今度は国土防衛に専念せざるを得なくなった。まずは天智三年（六六四年）、最前線にあたる対馬《つしま》・壱岐《いき》・筑紫に防《さきもり》（防人）と烽《すすみ》（烽火《のろし》）を置くとともに、博多《はかた》湾沿岸にあった筑紫大宰府《だざいふ》を内陸部に移した。大宰府は、九州を統治するために置かれた国の出先機関であるが、その立地から、外交窓口としても重要な意味を持つ特別な役所であった。

それを、現在の福岡市から太宰府市に移すとともに、その防衛のために水城《みずき》という、全長一・五キロメートル、高さ一三メートルにもおよぶ大規模な防塁《ぼうるい》を築いた。博多湾側には幅六〇メートル、深さ四メートルの濠《ほり》も掘られるなど、当時の政府が、いかに唐・新羅連合軍の来襲を恐れていたかがうかがわれる。

そして翌四年にも、防御施設の建設は進む。八月には長門《ながと》（現在の山口県）と筑紫（現在の福岡県）に城を築いた。

長門の城は所在地不明であるが、筑紫は大野城《おおのじょう》、基肄城《きいじょう》の二城であり、大宰府の周囲の山に築かれている。また、『日本書紀』には名前が現われないものの、大宰府付近には、阿志岐山城《あしきさんじょう》というもうひとつの山城《やまじろ》があることも知られており、水城とこの三つの山城による堅牢《けんろう》な防御網が構築された。

十月、天智天皇は、宇治《うじ》で大がかりな閲兵式を行なった。この時期は、ちょうど唐から劉徳高《りゅうとくこう》らが来日しており、日本の武威衰《おとろ》えず、とアピールする意味があったと考えられる。またこの年に、守君大石《もりのきみおおいわ》らを戦後処理のために唐に派遣するが、この交渉は難航をきわめたようである。

天智六年（六六七年）三月、中大兄皇子は、民衆の動揺を顧《かえり》みず、近江《おうみ》に遷都する。あれほどまでして、首都にふさわしい町にしようと整備しつづけてきた飛鳥の地を離れるのは、さぞかし心残りであっただろうが、遷都した天皇は、大津《おおつ》の地に新たな宮殿を造り、直線的な道路網を整備し、複数の寺院を建立《こんりゅう》するなど、新しい都づくりに心血を注いだようである。

十一月には大和に高安城《たかやすじょう》、讃岐《さぬき》に屋嶋城《やしまじょう》、対馬に金田城《かなだじょう》を築くなど、ますます国防を強化している。翌七年（六六八年）正月になって、中大兄皇子はようやく即位する。どうやら、この前後に戦後処理について、唐との間で決着がついたようである。

プロジェクトの停滞

この間の天智天皇の行動を見ると、よくも短期間にこれだけの土木工事を行なうことができたものだと感心してしまう。当然のことながら、大規模工事を行なうためには、それを設計する技術者も必要であり、大量の労働力も集めなければならない。そして、それらの労働者を養《やしな》うためには、安定した食料の確保も必要である。つまり、この時代には、これらの事業を可能にする社会的な条件が整っていたのである。さらに言えば天皇の権力が、そこまで強いものになっていたということを示している。

いっぽう、ソフトの整備から、いよいよ本格的なハードの整備へと移りつつあった律令国家建設プロジェクトが停滞したことは否《いな》めないであろう。労働力の多くを、防衛施設の建設に注《つ》ぎ込まざるを得なかったということは、それだけ計画していた他の事業を、いったん停止せざるを得なかったからである。

後にくわしく説明するが、古代には条里制《じょうりせい》という土地区画制度があった。これは、改新の詔で謳《うた》った班田収授を実現するために、耕地を一辺約一〇九メートル四方に区画するというものである。これによって、耕地の面積が把握しやすくなり、国民への土地の貸し出しも正確にできる。国民は、貸し出された耕地の面積にもとづき、租を納めるので、土地面積の正確な把握は、重要な政治課題でもあった。

しかし、そういった国家のために必要な工事が、この時期に行なわれた形跡がない。この他にも、国府や郡衙といった地方支配のための役所の建設も、あまり進められた形跡がないなど、改新の詔を実行するためのハード面の整備は、国防のための工事によって、遅れたようである。

天智天皇の晩年

仮に、天智天皇が内政に専念できるようになった年を、その即位時である天智七年と考えると、その治世は四年で幕《まく》を閉じる。『日本書紀』では、この四年間に、内政上、いくつかの重要な施策が行なわれたことを伝えている。

天智九年（六七〇年）二月には、先に紹介した庚午年籍という戸籍が作られる。戸籍がない時代は、地方から納められる税や派遣される兵の数は、地方豪族の管理に委《ゆだ》ねられていた。

中央では、各地にどれだけの労働人口がいるか把握する術《すべ》はない。それを把握しようとすれば、地域に地方行政組織を置き、人口を把握し、中央に提出させるというシステムが必要になる。そうすることで、中央政権はそれぞれの地方に対し、公平に課税や兵役を課すことができるようになるのである。

おそらく天智天皇は、大規模な国防工事に人々を動員することと並行して、住民の把握を行ない、それを戸籍として完成させたのであろう。

戸籍の作成は、まず地方を国—評（後の「郡」）—五十戸（同「里」）の行政単位に分割することから始まる。現在ならば、都道府県—市町村—自治会であろうか。まず、自治会長が地域住民の名前、性別、年齢などをとりまとめ、市町村に届け出る。市町村長はそれをとりまとめ、都道府県に報告し、さらに都道府県知事は国に届け出る、という図式であり、行政組織がある程度整っていなければ、戸籍はできない。

そういった点では、ソフト面の整備は、この頃、かなり整えられており、地方にも浸透していたと考えられる。

天智天皇が国防政策とともに、律令国家建設のための諸政策を行なっていたことは、他でも知られている。国防事業に着手したばかりの天智三年（六六四年）には、官僚制度の整備を行なっている。役人の位をそれまでの一九階から二六階に増やした。このことは、役人の序列化や業務の細分化にもつながっており、より精緻《せいち》な行政を行なうことが可能になった。

また、役所の機構も整備され、天智十年には、息子の大友皇子《おおとものおうじ》を太政大臣《だじょうだいじん》に任じ、冠位と法度《はっと》を施行したとある。この法度とは近江令を指すという見かたもある。近江令については、実在・非実在説があり、いまだ決着を見ないが、天智朝にさまざまな法令の整備がなされたという点では、おおむね一致している。

近江令存在の是非は別にしても、天智天皇は残された晩年を、律令国家建設に注いだことはまちがいない。律令国家建設へ向けての障害の多くは、天智天皇の手によって克服《こくふく》され、残すところは基本法典となる律令の制定と、それを実行するためのハードの整備だけとなった。

しかし天智天皇の偉業を引き継ぎ、律令国家を誕生させたのは、ご存じのように、その息子大友皇子ではなく、弟の天武天皇（大海人皇子《おおあまのおうじ》）であった。天武元年（六七二年）の壬申の乱という、日本始まって以来の内戦を勝ち抜いた天武天皇は、ついに悲願である、天皇を中心とした中央集権国家を完成させたのである。

天武天皇の専制政治

壬申の乱に勝利した大海人皇子は、翌二年二月二十七日、後岡本宮の南に造営した新宮《しんぐう》（飛鳥浄御原宮《あすかのきよみはらのみや》、写真5）で即位、天武天皇となる。

この乱において、それまでの有力豪族の多くが没落したため、天武天皇は天皇による専制政治を行なうことができた。左右の大臣を置かず、皇后鸕野讃良皇女《うののさららのひめみこ》（後の持統天皇）や、壬申の乱で格別な働きをした長男高市皇子《たけちのおうじ》らに政治の補佐をさせた。

天武天皇の政策は、基本的には天智政権の政策を踏襲し、発展させようとするものだった。天智天皇は、行政機構整備のために役人の序列化を進めたが、天武天皇もこれに倣《なら》い、即位の年には、具体的な人材登用の方法を示し、天武七年（六七八年）十月には、役人の勤務評定や官位の昇進方法を定め、十年には、皇子から庶民にいたるまで、身分に応じた服飾を定めている。そして十三年には、八色《やくさ》の姓《かばね》を制定する。

八色の姓とは、真人《まひと》、朝臣《あそん》、宿禰《すくね》、忌寸《いみき》、導師《みちのし》、臣《おみ》、連《むらじ》、稲置《いなぎ》の八つからなる制度のことで、その姓はそのまま身分秩序を表わしている。最上位にあたる「真人」は、天皇家に出自を持つ豪族のみに与えられた姓であり、天皇を中心とし、その身内である皇族が要職を独占する、皇親政治を進めた天武天皇の政治方針が見て取れる。

さらに翌年、爵位《しゃくい》六〇階制を開始し、皇子女《こうしじょ》であっても天皇の臣下《しんか》であると位置づけた。また、天武天皇は、八年（六七九年）に妻や子を引き連れて吉野《よしの》へ行幸《ぎょうこう》し、皇后や草壁《くさかべ》、大津、高市、河嶋《かわしま》（天智天皇の子）、忍壁《おさかべ》、芝基《しき》の諸皇子を召《め》して、盟約を交《か》わすことを告げた。

盟約の内容は、ここに集まった皇子らは、それぞれ母が違うが、天皇の命《めい》に従い、助けあうことと、この盟に背《そむ》けば身命を滅ぼし、子孫も絶える、というものだった。

壬申の乱に勝利し、天皇家による政治を進めようとする天武天皇が恐れたのは、皇子たちが皇位を争い、再び大乱を起こすことだった。そこで、彼らを集め盟約させると同時に、彼らの序列を決定した。つまり、名を挙《あ》げた順番がそのまま皇子たちの序列であった。

このようにして天武天皇は、天皇を除くすべての国民を序列化し、その序列が目で見えるよう、服装まで細かく定めたのである。ここに、天皇を頂点とした身分秩序が完成した。

写真5　復元された飛鳥浄御原宮

長年の発掘調査によって、その全貌《ぜんぼう》が見えてきた
（写真／奈良県立橿原考古学研究所附属博物館）

地方の統治システム

『日本書紀』によると、天武十二年（六八三年）十二月と十三年十月の二度にわたり、伊勢王《いせのおう》らを遣《つか》わして、諸国の境《さかい》を定めたとある。

伊勢王とともにこの任務にあたったのは、羽田公八国《はたのきみやくに》、多臣品治《おおのおみほむち》、中臣連大嶋《なかとみのむらじおおしま》で、さらに文官《もんかん》と工匠《こうしょう》が同行している。

この一行がどのようにして国境を定めたのか明らか

でないが、国の領域（国司から見れば自分が責任を持って統治する範囲）が定まったことにより、国、評からなる地方行政組織が円滑に機能するようになった。

国司には、長門、陸奥《むつ》、畿内を除き、大山位《だいせんのくらい》（後の六位相当）の中央の役人をあて、評の長官には、それぞれの地方の有力豪族である国造《くにのみやつこ・こくぞう》をあて、評督《ひょうとく》とした。

なお、それまでの国司は、通常は中央にいて任地の地方豪族に政務を代行させていたと考えられているが、この頃から、国司自身が任地に館（国司館《こくしのたち》）を建て、そこで政務を行なうようになったと考えられている。このことは、中央の役人が直接、地方行政に携《たずさ》わるようになったことを示し、中央集権体制がより強化されたことを示す。

古墳時代の地方支配は、王権に服属した地方豪族を国造に任命し、彼らを通じた間接的支配であった。国造は、地方における軍事権、裁判権を持ち、自らの居館で実質的な地域支配を行なっていたが、天皇の力が強まると、次第に王権の地方行政官という色彩を帯びてくる。

現在、全国各地で官衙《かんが》と呼ばれる役所の跡が発掘されている。発掘調査によると、郡衙（評衙）はおおむね七世紀末から八世紀初頭、天武天皇から文武天皇の時代に成立している。

新たに造られた役所（建物）には、郡司（評督）が政務にあたる正殿《せいでん》、脇殿《わきでん》の他に、税として納められた稲を保管する正倉《しょうそう》、使者の宿泊用の館や料理を作る厨家《くりや》などがあった。

写真6　発掘された郡衙

上野国《こうずけのくに》新田《にった》郡衙の中心部分。中央に巨大な礎石《そせき》建《だ》ち建物があり、その周囲を囲むように、細長い建物が配置されている

（写真／群馬県太田市教育委員会）

また、付近には、郡司の館や寺院、祭祀を行なうための場所も設けられ、その外側には郡衙で働く人々の集落が広がっていた。

いっぽう、国を統治する役所は、八世紀になると国府へと発展する。

国府は、国庁《こくちょう》という中

枢施設と、行政実務を行なう曹司《そうじ》、国司館、民家などからなる。

国庁は、一辺七〇～九〇メートルの塀で囲まれた方形の区画のなかに、正殿、脇殿を置き、国家権力を示すための儀礼や政務が行なわれていた。郡衙よりも大規模で、その構造は都の大極殿を模《も》すなど、まさに中央政府の出先機関にふさわしい偉容を誇っていた。

史料には直接現われないが、発掘調査などにより、これら統治システムにかかわるハード面の整備も、天武天皇の時代から行なわれたことがわかるのである。

班田収授《はんでんしゅうじゅ》のためのハード整備

先にもすこし触れたが、律令国家は、改新の詔で謳った班田収授を実現するために、耕地を一辺約一〇九メートル四方に区画した。この区画土地制度が条里制である。条里制の成立時期については諸説あるが、早いところでは七世紀末から八世紀の前半に施行されたと考えられている。

繰り返しになるが、土地を均質に区画することにより、耕地の面積が把握しやすくなり、国民への土地の貸し出しも正確にできるようになる。租は貸し与えた面積に応じて納められるので、耕地面積の正確な把握は、国家予算を把握するうえでも、必要不可欠だった。

ただし、土地を一定の大きさに区画するということは、口で言うほどやさしいものではない。凹凸《おうとつ》のある土地に均質に水が回るようにするためには、地形を測《はか》り、灌漑施設を設計し、施工していかなければならない。

施工面積が大きくなればなるほど、緻密《ちみつ》な設計と大変な労力が伴う。また、耕作を行なっている最中に、このような土木工事をしたら、その年の収穫がなくなるので、作業は刈り入れが終わる晩秋から、翌年春の間に限られる。このように、条里水田を造るという作業は、駅路建設に勝《まさ》るとも劣《おと》らない大規模な事業なのである。

これだけの事業にもかかわらず、『日本書紀』には、ただの一言も記述されていない。しかし、発掘調査の成果から見ると、こうした事業も、どうやら天武天皇の時代に着手され、その後、持統、文武といった歴代天皇に引き継がれていったようである。

日本史における天武朝の意義

天武十年（六八一年）二月、天武天皇は親王《しんのう》、諸王と諸臣を呼び、ついに律令の制定を命じた。飛鳥浄御原令《あすかきよみはらりょう》である。

これは天皇の死後、持統三年（六八九年）六月に完成する。飛鳥浄御原令は現存せず、はっきりとしないが、内容的には未完成であったとする見かたが強い。飛鳥浄御原令発布後も、律令編纂《へんさん》作業は進められ、大宝元年（七〇一年）に大宝律令として完成する。

律令の編纂と同時に、『旧辞《くじ》』と『帝紀《ていき》』の校訂作業が開始され、それが後に『日本書紀』として完成する。これは単なる歴史書ではなく、神代《じんだい》から伝わる壮大な歴史のなかで、諸豪族の先祖が、どのように天皇へ服属したかを物語るもので、天皇家を中心とする歴史のなかで、諸豪族の役割を明確に示し、序列化を行なう役割をはたした。歴史書の編纂事業も、天武天皇にとっては、天皇を中心とした安定した国家建設のための政策の一環だったのである。

天武天皇は、即位後、急速に律令国家の建設を進めた。天武天皇亡き後も、その遺志は、皇后の持統天皇と孫の文武天皇によって受け継がれ、大宝元年の大宝律令の完成をもって、制度として一応の完成を見た。

中央集権国家に向けての動きは、すでに蘇我氏の時代から進められ、その後、孝徳、斉明、天智朝にかけてゆっくりとではあるが、着実な前進を遂《と》げた。その完成は、壬申の乱という大乱に勝利し、権力の一元化に成功した、天武天皇によってしか成《な》し遂げ得なかった。

これまで見てきたように、天武天皇が行なった政策は、個々独立したものではなく、すべてが相互に密接なつながりを持った複合的なものであり、ゴールは律令国家建設へと向かっていた。

天武天皇が、このような政策を速《すみ》やかに、かつ大胆に実行し得たのは、それまでの政権が描き続けてきた、「律令国家建設へのロードマップ」がすでに存在していたからであり、どうすれば理想とする国家を建設できるか、という明確なビジョンを持っていたからに他ならない。

そういった意味で、天武朝とは、時代の画期《かっき》であると同時に、推古天皇の時代以来、百年にわたり進められてきた国家建設の集大成でもあった。

天武天皇の列島改造

ここまで、推古天皇から天武天皇の時代を駆け足で見てきた。この時代は、日本が律令国家という中央集権国家の建設に向けて必死に努力し、そして完成へと至る苦難の時代でもあった。

天皇中心の国づくりを目指し、蘇我本宗家を打倒した天智天皇が、その最大の功労者であることは、改めて述べるまでもないだろう。既得権益をめぐる戦い、そして予期せぬ国際問題に翻弄《ほんろう》されながらも、確実に歩みを進めた天智天皇。そして、その果実を手に入れ、完成に向けての仕上げを行なった天武天皇。この兄弟が力を合わせて、律令国家を完成へと導いたのである。

そろそろ駅路の話に移ろう。では、全国に張り巡らされた駅路は、この律令国家建設という巨大プロジェクトのなかで、どのように位置づけられ、どのような役割をはたしていたのであろうか。

何人かの研究者は、駅路は白村江の敗戦後の、国防政策の一環として整備されたと説く。確かに、まっすぐで幅の広い道路は、軍隊の移動には打ってつけだろう。しかしそれは、逆に敵をも利《り》することになる。

白村江敗戦の頃の日本軍は、各地の豪族に率《ひき》いられた連合軍であった。兵は各地に分散しており、いざ戦争となると、目的地にめいめい集結し、そこで国の指示を待つといった具合である。

たとえば、都に強力な常備軍がいて、そこから派兵されるのであれば、都と地方とを結ぶ直線道路を造る意味も理解できるが、当時はそのような状態になかった。そういった点から、軍隊の移動のために造ったという考えには、私は賛同しかねる。

また、先にも紹介したとおり、駅路はそこが湿地であろうが、それを無視して直線的に造られている。もともと道路を造るのにふさわしくない場所に道路を造れば、災害により崩壊する危険性も高まる。それでも、あえてまっすぐ通しているというところに、駅路の敷設《ふせつ》目的のひとつが隠されている。

ここで注目されるのが、先ほどお話しした、条里との関係である。条里制とは、耕地を区画するためのものであるため、その施工範囲は当然のことながら、水田を造るのにふさわしい低い土地である。そして、条里と駅路とが同時に発掘調査で見つかっている静岡平野などでは、条里の地割り方向と駅路とが、ぴったりと合致している。

このことは、条里施工と駅路建設とが強い関連性を持っているだけでなく、駅路は条里制による土地区画の基準線としての役割をはたしていたことがわかるのである。

さらに駅路沿線の遺跡に目を向けると、駅路に面して郡衙や国府が立地する事例が目立ち、なかには、駅路に面して門を開いている郡衙もある。つまり、地方支配のための役所の多くも、駅路と強い関連性が認められるのである。

条里も郡衙も、その成立は天武朝にあると考えられるので、必然的に駅路の施工時期も天武朝である、というのが私の考えであり、律令国家建設のためのハード事業を進めていた天武天皇が、地方役所の整備や耕地整備と一体の事業として、駅路を建設させたと考えている。

一九七二年六月に、日刊工業新聞社から出版された『日本列島改造論』という書籍がある。執筆者は当時、自由民主党の総裁候補のひとりであった田中角栄《たなかかくえい》氏であり、氏の主張・政治公約をまとめた同書は、一躍ベストセラーとなり、多くの国民が目にした。

同書の主旨は、簡単に言えば日本列島を高速道路と新幹線で結ぶことにより、地方工業を促進し、大都市へ一極集中していた人や物の流れを、大都市から地方へと逆流させ、過疎と過密、公害、物価上昇などの問題を解決しようとするものであった。

当時の社会が抱える諸問題の解決策を提言し、そしてこの具体的な方法のひとつとして、高速道路網の整備を掲《かか》げた。その目的は駅路とは異なるものの、複合的な政策実現の手段として道路を建設しようとする試《こころ》みは、どこか天武天皇の駅路建設にも似ているような気がする。

私は、「駅路建設は天武天皇による列島改造であった」という表現を、好んで使っている。律令国家という、新しい国づくりのためのハード事業の核であった駅路建設とは、まさにその言葉がふさわしいと思う。

第三章　奈良時代の交通制度

古代の交通制度「駅制《えきせい》」

駅路は、中央と地方とを結ぶ緊急通信のための道路という性格だけではなく、条里制という土地区画制度の基準線として、また、国府や郡衙などの地方役所の整備と一体のものとして、天武天皇の時代に造られたと述べた。

しかし、さまざまな政策を実現するために造られたとはいえ、道路そのものの利用目的は通行である。よって本章では、まず交通制度という観点から、駅路を見ていきたい。

古代には、「駅制」「伝制《でんせい》」という交通制度があった。このふたつの制度を合わせて、「駅伝制《えきでんせい》」という。駅伝という言葉を聞くと、多くの方が箱根《はこね》駅伝などのレースを思い浮かべるだろうが、まさに駅伝制こそが駅伝競争の語源なのである。駅伝制とは、法で定められた中央と地方の情報伝達のための制度であり、駅路とは、駅制で使用することが定められた道路のことである。

駅制の内容は、平安時代に作られた『延喜式』『令集解《りょうのしゅうげ》』などの史料から知ることができる。これによると、全国に東海道・東山道・北陸道・山陰道・山陽道・南海道・西海道の七本の駅路を開き、このうち山陽道駅路と西海道駅路の一部が大路《たいろ》、東海道駅路と東山道駅路が中路《ちゅうろ》、それ以外が小路《しょうろ》とされていた。

また、駅路の沿線には、「駅家《うまや》」という施設が置かれた。この施設は、駅路を利用する正式な使者「駅使《えきし》」が休憩・宿泊する施設であり、そこには駅使が乗る馬「駅馬《えきば・はゆま》」も飼われていた。

『延喜式』には、全国に置かれた四〇二の駅家の名が国ごとに示されており、駅家は三〇里《り》（約一六キロメートル）ごとに置かれていたこと、駅家には駅馬が置かれ、その数は大路が二〇匹、中路が一〇匹、小路が五匹とされていたこと、などがわかる。

駅使には「駅鈴《えきれい》」という鈴（写真7）が与えられた。この鈴こそが正式な使者であることの証《あかし》であり、これを示すことで駅家を利用したり、馬を借りることができた。

現在のような通信機器がなかった古代では、駅路を利用した駅使による情報伝達こそが、もっとも確実でスピーディーな方法であった。

何か大きな事件があった時、使者は駅鈴をけたたましく打ち鳴らしながら、馬を駆けさせ、駅家に着くと、次の駅使に駅鈴と伝えるべき情報を引き継ぎ、それを受け取った駅使は大急ぎで走り出す。

まさに駅伝競走さながらである。現在、救急車のサイレンを聞くと道を空《あ》けるように、古代でもカラン、カランという駅鈴の音が聞こえてきたら、人々は道を空け、何事があったのかと、不安な気持ちにおそわれたのだろう。

ちなみに駅使は緊急の場合は、一日に一〇以上の駅を駆け抜けることになっており、通常でも八駅以上進まなければならなかった。駅家間の距離は約一六キロメートルなので、一日一六〇キロメートル以上。この距離は、現在の国道1号線だと、日本橋（東京都）―清水駅（静岡県）間に相当する。

奈良時代は、戦況報告など、使者が口頭で情報の補足説明をしなければならない場合を除き、一日に何度か駅使がリレーする逓送使《ていそうし》方式を採っていたので、この過酷なノルマをクリアできたのだろうが、平安時代の中頃になると、ひとりの駅使が馬を乗り換えながら、目的地へと駆け抜ける専使《せんし》方式に変わったようである。馬に乗っているとはいえ、ひとりで毎日一六〇キロメートルを超える距離を駆け抜けるのは、もはや超人の域《いき》に達しているといえるだろう。

写真7 駅鈴

幅約 5.5cm、厚さ約 5.0cm、高さ約 6.5cm。現在残っている実物は、隠岐《おき》国造の末裔《まつえい》の億岐《おき》家に管理されている２口のみ。かつての往復葉書は、この駅鈴をあしらっていた

（写真／南宮大社所蔵、岐阜県博物館提供）

駅制に対し、伝制は、中央からの公用の旅行者に対して、各国の郡で食料や馬などを供給する制度である。

郡の役所である郡衙には、五匹の馬が置かれていた。駅路の馬を駅馬と呼ぶのに対し、この馬は「伝《でん》馬《ま》」と呼ばれた。

また、伝馬の利用には「伝符《でんぷ》」が必要であった。伝馬を利用する道路のことを、「伝路《でんろ》」と呼んでいる。

では、駅制、伝制はいつできあがったのだろうか。文献史料から考察する。

駅制の成立時期

『日本書紀』に見える最初の駅制に関する記事は、欽明三十二年（五七一年）である（図表4）。欽明天皇崩御の際に、当時、皇太子だった後の敏達《びだつ》天皇を呼び寄せるために駅馬を用いたというのがそれである。

これは、駅馬が用いられ、駅制が施行されていたという傍証になる。しかしこの記事は、中国の『魏志《ぎし》』明帝紀《めいていき》の記事とまったく同じであることから、信用できる記事ではないという見かたが一般的である。

しかし、その後、駅制にかかわる記録が相次《あいつ》いで見られるようになる。崇峻五年（五九二年）には、蘇我馬子の命を受けた東漢直駒が天皇を殺した時に、駅使を筑紫に派遣したという記事があり、推古十一年（六〇三年）には、聖徳太子の弟で、朝鮮半島へ向かう軍の将軍として、筑紫国に派遣されていた来目皇子《くめのおうじ》が亡くなったという連絡が、駅使によって大和にもたらされたという記事がある。

図表4 『日本書紀』『続日本紀』の「駅制」関連記事

年号	内容
571年（欽明32年）	欽明天皇崩御。皇太子を呼び寄せるため**駅馬**を利用
592年（崇峻5年）	蘇我馬子が**駅使**を筑紫に派遣
603年（推古11年）	来目皇子が筑紫で亡くなったという報が、**駅使**からもたらされる
642年（皇極元年）	舒明天皇崩御の報を受けた安曇比羅夫が、筑紫から飛鳥へ**駅馬**で帰還
646年（大化2年）	改新の詔。**駅伝制**に関する記載あり
657年（斉明3年）	筑紫に漂着した都貨羅国人を**駅馬**で召喚させる
672年（天武元年）	大海人皇子、**駅鈴**交付を拒否される。 大海人皇子、隠**駅家**と伊賀**駅家**を焼く
679年（天武8年）	迹見**駅家**の文字が見える
702年（大宝2年）	紀伊国に加太**駅家**を設置
705年（慶雲2年）	大宰府に**駅鈴**8と**伝符**10、長門国に**駅鈴**2を与える
709年（和銅2年）	諸国に**駅起稲**(駅を運営するための財源となる稲)の帳簿を提出させる
711年（和銅4年）	遷都に伴い**駅家**の整備。都亭・岡田**駅**他を置く
713年（和銅6年）	防人引率の使を**逓送使**方式に変更(駅が混雑するため)
719年（養老3年）	石城国に**駅家**10カ所を設置
720年（養老4年）	按察使に**伝馬**の使用を許可。 常陸・遠江・伊豆・出雲・駿河・伯耆国に**駅鈴**を与える。 諸国から太政官あて公文書上申の際に**駅馬**の使用を許可
722年（養老6年）	畿内周辺国の国司の上京に**駅馬**の利用を許可
723年（養老7年）	因幡国に**駅家**増設
729年（天平元年）	山陽道の**駅家**整備のために**駅起稲**を充当する
733年（天平5年）	国司の離任の際に**駅馬**の利用を許可
757年（天平宝字元年）	**駅家**利用を令の規定どおりに厳格化することを命じる
758年（天平宝字2年）	越前・越中・佐渡・出雲・石見・伊予国に**駅鈴**を頒布
759年（天平宝字3年）	出羽国に6**駅**、陸奥国に1**駅**を新設する
770年（宝亀元年）	国司が**駅馬**に乗り、朝廷に参集することを許可
771年（宝亀2年）	武蔵国、**東海道**へ編入
776年（宝亀7年）	菅田**駅**と伴有**駅**の間に新たに下留**駅**設置

また、皇極元年（六四二年）には、舒明《じょめい》天皇の崩御に伴い、安曇比羅夫《あずみのひらふ》が筑紫から飛鳥まで、駅馬に乗って帰ったという記事もある。そして先にも紹介したように、改新の詔にも駅馬、伝馬の文字が見える。

壬申の乱の記事には、大海人皇子が駅鈴を借りようとして拒否された話や、隠駅家《なばりのうまや》（現在の三重県名張《なばり》市）、伊賀駅家《いがのうまや》（同伊賀《いが》市）を焼いたという記事が見えるなど、この頃には駅制が整えられていたことがわかる。

このように、駅制は律令国家が形を整える以前から、緊急通信制度として存在していたことがわかるが、細かい規定まで整うのは、大宝元年（七〇一年）に成立する大宝律令によってであろう。

この法律は、基本的には、中国の唐王朝の法律を参考として制定されたものであり、その構成や内容も酷似しているが、日本古来の慣習を受け継いだ内容も含まれている。おそらく、唐の律令を精査し、基本的にその内容を踏襲する方針で編纂が行なわれたが、どうしても日本社会には合わない内容については適宜《てきぎ》、修正・加筆が行なわれたのだろう。

続いて、律令に見える駅制について、くわしく見ていこう。

駅路を所管した民部省《みんぶしょう》

先にも触れたが、律令は、とにかく細かいことまで規定されている。奈良時代の終わりには、律令の修正や補足をする「格《きゃく》」と、律令の施行細則《しこうさいそく》を定めた「式《しき》」まで発出されるなど、法によって人々の暮らしは細かく縛《しば》られていた。

駅伝制も、その例外ではなく、かなり細かいところまで規定されていた。当時の人々にとっては大変だったろうが、私たちにとっては、古代社会を知るための格好の材料である。

駅伝制の概略は、先に紹介した『延喜式』から知ることができ、駅路の等級や駅家の名前、置かれた馬の数までもが判明する。いっぽう、律令本体には、駅伝制に関する独立した令《りょう》はなく、関連する規定は、複数の令に分散して書かれている。

それでは、奈良時代に成立した、律一〇巻十二編・令一〇巻三〇編からなる『養老《ようろう》律令《りつりょう》』から、駅伝制に関係する条文を拾い上げていこう。

現在、道路の建設や管理を所管しているのは、国土交通省であるが、古代ではどうだったのだろうか。古代における省庁は、二官八省からなっていた。

二官とは、朝廷の祭祀を担当する神祇官《じんぎかん》と、国政を統括する太政官のことで、太政官の下に実際の行政を分担する八省が置かれた。八省は中務省《なかつかさしょう》・式部《しきぶ》省・治部《じぶ》省・民部省・兵部《ひょうぶ》省・刑部《ぎょうぶ》省・大蔵《おおくら》省・宮内《くない》省のことで、それぞれの職掌は、「職員令《しきいんりょう》」に記されている。

すこし乱暴だが、現在の省庁（下）と対応させると次のようになる。

中務省＝宮内庁
式部省＝文部科学省
治部省＝外務省＋（財務省）
民部省＝国税庁＋（国土交通省）
兵部省＝防衛省＋（国土交通省）
刑部省＝法務省

大蔵省＝財務省＋（経済産業省）
宮内省＝宮内庁

これを見てもわかるように、国土交通省に相当する独立した省庁はない。そして職員令には、道路、橋、津《つ》（船の停泊場所）など交通施設をつかさどるのは、田や池溝《うなて》（田に水を引くための溝）とともに民部省となっている。

しかし、律令の解説文である『令 義解《りようのぎげ》』によれば、民部省が行なう道路や橋の管理とは、単に地図でそれらを把握するだけで、実際の管理は、国司や郡司といった地方の役人の手に委ねられていた。また、道路建設に関する規定はどこにも見あたらず、道路や橋の管理について「営繕令《ようぜんりよう》」で定められているだけである。ちなみに、その管理方法とは、以下のとおりである。

①津、橋、道路は、地元（国とする説と郡とする説とがある）が、毎年九月半ばに修理に着工し、十月中に終わらせること

②重要な道路が陥壊《かんかい》し、水をせき止め、通行不能になったならば、時期にかかわらず、必要な人夫を計算して、それにあて修理すること

③国司がよく判断できない場合は、申請すること

このように、原則的に地方で維持・管理すること、修理の時期は陰暦の九月（現在の十月）半ばから十月いっぱいで行なうよう規定されている。これは収穫後、あまり時を置かずに修理せよという意味である。

駅制を所管した兵部省《ひょうぶ》

繰り返し述べてきたように、駅制とは、中央・地方間の緊急通信制度である。想定されるもっとも重大な緊急事態とは、地方の反乱などである。

奈良時代には、橘諸兄《たちばなのもろえ》政権の退陣を求め、九州で起こった藤原広嗣《ふじわらひろつぐ》の乱（七四〇年）、また、孝謙太上天皇《こうけんだいじょうてんのう》—弓削道鏡《ゆげのどうきょう》グループと淳仁天皇《じゅんにん》—藤原仲麻呂《なかまろ》グループとの政治的対立に端《たん》を発《はっ》した藤原仲麻呂の乱（七六四年）をはじめ、大小さまざまな政

変があった。

当時の政府は、中央の不平分子が地方へ逃《のが》れ、地方勢力を巻き込んで反乱を起こすことを何よりも恐れていた。そのため、政変があればすぐさま駅使を派遣し、関《せき》をふさぐなど逃亡犯の逮捕を命じたり、逆に地方で反乱が起これば、その情報をすぐさま中央に伝達し、火種が小さいうちに対処しようとした。

つまり、スピーディーな情報伝達こそが重要であり、その役割をはたしたのが駅路だったのである。

そういった事情もあり、駅制そのものを所管したのは、現在の防衛省に相当する兵部省であった。『延喜式』で駅制にかかわる記事が掲載されているのは、兵部省の巻であり、「職員令」でも駅の管理は、兵部省に置かれた兵馬司《ひょうまし》が行なうことになっていた。つまり、交通施設としての管理は、形式的ではあるにせよ民部省が行ない、実際の利用に関しては兵部省が管理することになっていた。

「駅家《うまや》」の経営

駅家についてては、律令のなかに、かなり細かい規定が見られる。

まず、土地に関する規定を定めた「田令《でんりよう》」には、「駅田《えきでん・やくでん》」の文字が見える。駅田とは、駅家の経営のために与えられた田のことで、駅家はこの田から穫れる稲「駅稲《えきとう》」を民衆に貸し付け、その利息によって経営されていた。

駅田は、駅家の近くに置かれ、大路の駅家には四町、つまり条里区画（一〇九メートル四方）四枚分、中路の駅家は三町、小路は二町が与えられた。

もちろん、田を与えられたからには耕《たがや》す人も必要である。耕作は、駅近隣の村が行なうことになっており、こういった集落を「駅戸《えきこ》」、駅戸に住む人々を「駅子《えきし》」といった。これらの人々は、田を耕すだけでなく、たとえば馬の飼育など、駅家にかかわるあらゆる仕事を行なった。

さらに、駅家に関する規定は、主に牛馬のことについて定めた「厩牧令《くもくりよう》」に見られる。ここでの定めは特に入念である。以下、主なものを列挙しよう。

①駅家を三〇里間隔に置くこと
もし、地勢が隔《へだ》たっていたり険《けわ》しかったりする場合、および水や草がないところでは間隔を狭《せば》めたり、広げてもよい。乗具、蓑《みの》、笠《かさ》などは、駅馬の数に応じて備えること。
②駅家には駅長《えきちょう》をひとり置くこと
その人物には駅戸のなかでも、富裕で実務能力のある人を任用し、その人が死亡したり、老いたり、病気になったり、あるいは家が貧しくなるまでは務《つと》めさせること。そして駅長が交代する時に、馬や乗具が正当な理由なく不足していたならば、いずれも前任者から徴収すること。
③大路、中路、小路など道路の等級ごとに、置くべき馬の数を示すとともに、それらの馬は、みな筋骨強壮《きんこつきょうそう》なものをあてること
馬の養育は駅戸で行ない、馬が死んだ場合は、駅稲を使い、買い替えること。また、伝馬については、郡ごとに五匹置き、政府の馬をあてるか、なければ、その郡の公的資金を使って買いあてること。馬の養育は、家が富裕でふたり以上の成

人男子がいる家が行なうこと。

④正式な使者が、駅家や郡衙を通過する時は、必ず馬を乗り換えること

この他にも、年老いたり、病気になったりした馬の処分方法、代わりとなる馬の購入方法についての規定や、正式な使者に対する郡衙や駅家の対応が記されている。これによると、駅家の間隔が規定どおり三〇里である場合は、三駅ごとに、駅使に対し、食料の支給や宿を提供するよう命じている。

駅家は、国の役所ではあるが、責任者には地元の有力者があてられ、国は最初に田は与えるものの、後の運営は、田からの収入の運用益でまかなうとされていた。今で言えば、国が設立した法人のような組織であり、特別な場合を除いて、運営経費は支給されない。国からすれば、一度設置したら維持は独立採算でせよ、ということだろう。

ちなみに、成人男子ひとりあたりに支給される口分田《くぶんでん》は二段《たん》（一町の五分の一）であり、収穫される稲は、平均的な水田で八〇束《そく》。そのうち、税や種籾《たねもみ》として納められ

る七束を差し引いた七三束（脱穀すると現在の換算で一石《こく》四斗《と》六升《しょう》）で、一年間の生活をまかなっていたことになる。

そこから計算すると、大路（水田四町）でも、成人男子二二人分の年間生活費相当の収入しかなかったということになる。次に説明する駅路の構造から見ても、この収入では、経営は困難だったと思われる。

駅家の構造

こうして設置された駅家の構造とは、どのようなものだったのだろうか。駅家は、全国に四〇〇以上設置されているにもかかわらず、その確実な発掘例は思いのほか少ない。

そのなかで、小犬丸《こいぬまる》遺跡（兵庫県たつの市）は、『延喜式』にある布勢駅家《ふせのうまや》の跡であることが確認され、落地《おろち》遺跡（同上郡《かみごおり》町）は、野磨駅家《やまのうまや》であることが確認されている。

このふたつはいずれも、山陽道の駅家である。なぜ山陽道の駅家だけが特定されているのかというと、山陽道の駅家は、外国使節も宿泊するため、他の駅路よりも豪奢《ごうしゃ》なものが建てられたからである。『日本後紀《にほんこうき》』大同《だいどう》元年（八〇六年）の記事によると、これらの駅家は、白壁《しらかべ》、瓦葺《かわらぶ》きであったことがわかる。

駅家の中心部分は塀《へい》によって囲まれており、駅路に面して門を開いていた。塀で区画された内部には、施設の中心となる建物である正殿と、その両側に脇殿を、コの字形に配置している。

正殿は、政府高官の接待や宿泊などに用いられたのだろう。この区画の周囲には、駅使などの食事を作る厨房《ちゆうぼう》、駅家の運営にかかる事務を行なう建物、駅稲を納める倉、そして馬をつないでおく厩舎《きゆうしや》があった。さらに、「駅楼《えきろう》」という二階建て以上の建物もあったようである。駅楼から駅路を見て、駅使が近づいてきたことがわかれば、急ぎ、出迎えの準備を整えたのであろう。

このように駅家には、その職務をまっとうするために必要な、さまざまな施設があった。規模も、かなり大がかりなものであったと考えられ、その経営をわずかな田からの収入でまかなうのは無理があったらしい。

奈良時代後半には、「駅子の生活が疲弊《ひへい》している」という報告がしばしばなされるようになり、やがて駅家に対し、国から運営経費の一部が支給されるようになった。

納税の道としての駅路

駅制が兵部省の所管だからといって、駅路の利用者が、駅使や軍隊の移動だけに使われたわけではない。むしろ、もっとも頻繁《ひんぱん》に利用していたのは、納税のために都へ向かう庶民であった。

主に納税についての規定がある「賦役令《ぶやくりよう》」には、以下のように記されている。調・庸（税金）は、毎年八月中旬より輸納《ゆのう》を始めること。近国《きんごく》は十月三十日より、中国《ちゆうごく》は十一月三十日より、遠国《おんごく》は十二月三十日以前に輸納を終えること。運脚《うんきやく》（運搬労働者）は、庸調を納入する家から出させること。そして、国司が彼らを引率すること。

つまり、税金は納税者自らが、国司の引率に従って、都まで運搬することになっていたのである。納税期限は、都との距離によって、『延喜式』で定めた区分により異なっていた。

ちなみに近国とは、伊賀・伊勢《いせ》・志摩《しま》・尾張《おわり》・三河《みかわ》・近江・美濃《みの》・若狭《わかさ》・紀伊《きい》・淡《あわ》路《じ》・播磨《はりま》・備前《びぜん》・美作《みまさか》・因幡《いなば》・丹波《たんば》・丹後《たんご》・但馬《たじま》の一七カ国で、畿内と呼ばれた大和・河内・摂津・和泉・山城（山背）は含まない。

いっぽう、遠国は、相模《さがみ》以東の東海道諸国、上野《こうずけ》以北の東山道諸国、越後《えちご》以北の北陸道諸国、南海道の伊予《いよ》・土佐《とさ》、安芸《あき》以西の山陽・西海道諸国と、山陰道の石見《いわみ》・隠岐《おき》である。

同じ遠国とされている安芸国と大隅《おおすみ》国とでは、都からの距離がかなり違うが、『延喜式』巻二二で、たとえば西海道諸国の納税先は大宰府としたり、それぞれの国の状況を勘案して、納税期限の特例を設けることによって、実態に近づけている。

過酷な納税の旅

納税期限を距離によって変えたり、特例を設けるなどしても、納税の旅は過酷であった。駅家で接待を受けられるのは、引率の役人だけで、納税者は、食料を自前で準備しなければならなかった。また、行きは隊伍《たいご》を組んで、都を目指すが、帰りは自力で帰らなければならない。そして何よりも、当時の社会は閉鎖的であり、よそ者を受け付けない雰囲気があった。

時代はさかのぼるが、当時の閉鎖的な社会の様子を示した記事として、『日本書紀』大化二年（六四六年）三月二十二日条の詔を挙げよう。ここには、「路頭《ろとう》の家」の文字が見える。文字どおり、幹線道路沿いにある村のことである。

復《また》、役《つか》はるる辺畔《ほとりのくに》の民《たみ》有り、事了《ことおわ》りて郷《くに》に還《かえ》る日に、忽然《にわか》に得疾《やまい》して、路頭《みちのほとり》に臥死《し》ぬ。是《ここ》に、路頭の家、乃《すなわ》ち謂《かた》りて曰《いわ》く、「何の故《ゆえ》か人をして余路《あがあたり》に死なしむる」といひて、因《よ》りて死にたる者の友伴《ともがき》を留《とど》めて、強《あながち》に祓除《はらへ》せしむ。是《これ》に由《よ》りて、兄《このかみ》路に臥死ぬと雖《いうと》も、其《そ》の弟《おとと》収めざる者多し。

ここには、国家の仕事のために招集された人々が仕事を終え、郷里に戻る際に、道中で発病し、死んだ時、「路頭の家」の人が強引に同伴者を引きとどめ、死の汚れを祓《はら》うための費用を要求する事態が頻発《ひんぱつ》し、そのため、同伴者が死ぬと遺体を放置し、立ち去る者が多いということが書いてある。

また、道路ぎわで炊飯《すいはん》すると、やはり「路頭の家」の人が、費用を要求したという。そして、これらの行為は、「路頭の家」の人にとって当然のものであったらしい。

これらの行為を、おろかな風習として禁止したのが、先の詔なのである。ここからわかることは、大化二年頃の地域社会は、きわめて閉鎖的・排他的であったということ、交通政策の一環として、地域の持つ悪弊を廃《はい》し、旅行者が安全に通行できるよう、沿線住民に指示・命令を行なっていることである。

なお、この詔のなかには、旅行者の馬を預かり、報酬を得ることを促《うなが》す内容も盛り込まれていた。国家が実力をつけ、全国規模での交流を促進する場合、弊害になるのは地域の排他的な雰囲気である。これを是正しない限り、活発な地域間交流は生まれない。しかしその反面、律令国家は、庶民を土地に縛《しば》り付けることによって成り立っていた。

それは、当時の国家が、地方を国—郡—里の単位で把握していたからである。民の把握の方法などを定めた「戸令《こりょう》」によれば、里とは五〇戸を単位とする行政組織で、その責任者である里長《りちょう》は、里に住んでいる人を把握し、郡に報告する。郡の長官である郡司は、里から提出された名簿を六年に一度、戸籍としてとりまとめ、国司に報告する。国司はそれを政府に提出する。それらは納税者名簿であり、かつ徴兵名簿であった。

つまり、住民の出入りが激しければ、正確に人口を把握できなくなり、国家財政にも直結する問題に発展するのである。そのため、いっぽうで閉鎖性を打破させようとし、もういっぽうでは閉鎖的な社会を維持するような措置が採られたのである。

日本最初の街路樹

『続日本紀《しょくにほんぎ》』には、国の仕事を終え、郷里に帰る者を保護するよう促す詔が、しばしば発《はつ》せられている。

和銅《わどう》五年（七一二年）正月の記事によると、納税のため都へ上《のぼ》った民が、故郷への帰路で餓死するケースが頻発していたことがわかる。そして同年十月には、この問題に対する具体的な政策として、各国に対し、納税のため都へ上った民のために米を蓄《たくわ》えておき、代価を受け取り与えること、旅行者には銭《ぜに》を持たせ、銭を持つことの便利さを教えることが命じられている。

これは、交通政策と同時に貨幣の流通促進を狙ったもので、現在の旅のように、必要な物が旅先で入手できるようなスタイルを整えようとしたのである。同様の命令は、養老《ようろう》四年（七二〇年）三月十七日条、天平宝字《てんぴょうほうじ》元年（七五七年）十月六日条にも、見られることからすると、その効果はなかなか現われなかったのだろう。

『類聚三代格《るいじゅうさんだいきゃく》』には、天平宝字三年に東大寺《とうだいじ》の僧普照《ふしょう》より、道路の両側に果樹を植栽《しょくさい》するよう、政府に意見が提出され、それを受けて同年六月に、駅路の両側に果樹を植えよとの命令が出された、とある。果樹を植栽すれば、その木陰《こかげ》で旅の疲れを癒《いや》すことができ、その実《み》を食べることで飢えをしのぐことができる。これは、日本最初の街路樹の記事でもある。

発掘調査では、まだ確実な街路樹の痕跡は見つかっていない。しかし、『類聚三代格』弘仁《こうにん》十二年（八二一年）四月には、街路樹の伐採《ばっさい》を禁じるという命令が出されていることを見ると、この政策は、ある程度の効果を上げたと考えられる。

ここまで見てきたように、駅路は庶民にとっては過酷な納税の道であった。故郷を後にし、重い荷物を抱えてまっすぐな駅路をただひたすら都へと向かう。引率の国司は、納税期限に遅れないよう、道を急がせる。

法の定めでは、どんな重い荷物を持っていても、一日に約二〇キロメートルは進まなければならない。荷物がなければ、その倍も歩かなければならないことになっている。目の前に広がるまっすぐな道は、いつはてるとも知れない。このまま無事、都に辿《たど》り着けるだろうかという不安も常につきまとう。

このような思いで、当時の庶民は駅路の旅を続けたのだろう。

旅行者の管理

当時、通行を管理する役所として「関《せき》」が置かれていた。関の通行についても、律令のなかで細かい規定がある。「関市令《げんしりよう》」は二〇の条文からなるが、そのうち、関に関する主な規定を紹介しよう。

第一条では、関を通過する時の手続きが示されている。旅行者は、まず居住する国、あるいは郡の役所に届け出て、「過所《かしよ》」という通行手形を申請する。過所は同じものを二通作成し、ひとつは旅行者が持ち、もうひとつは許可する役所が控えとして保管することになっている。

過所の様式は「公式令《くしきりょう》」で示されており、越える関の名、行き先の国名、戸籍上の住所、名前、官位などを記すことになっている。この通行手形は、木の札に墨《すみ》で文字を書いたものであり、平城京などからもしばしば出土している。

第三条では、関における過所のチェック方法が示されている。関では、旅行者の持つ過所に書かれた関の名を確認し、もしそこに書かれた関の名が異なっていたら、入出を許可しないよう命じている。

第四条では、旅行者が過所を携え徒歩で通行、または駅伝馬に乗り、関を入出したならば、関の役人は確認許可して、過所または「官符《かんぷ》」を写して控えを作ること、実際の過所、駅鈴・伝符は、いずれも旅行者に渡し携行させること、駅鈴・伝符は、年末に目録を作って太政官に申し送り、総検査すること、などが記されている。

駅鈴や伝符は、正式な使者の証であるにもかかわらず、控えを取ったり、年末に政府に提出して検査を受けたりするなど、厳しいチェック体制が採られていたことがわかる。偽物を恐れたのであろうか。

第五条では、納税などのために関を越える庶民のチェック方法を定めている。このチェックは比較的甘く、提出された名簿との照合だけで通行を許可し、帰りは姓名と年齢で前回関を通過した人物と同一かを確認するだけで、通行許可を与えることになっている。

この他、関で行なわれたチェックは、国外持ち出し禁止のものを旅行者が携えていないかの検査、他国の者の持ち物検査、などである。このような関のありかたは、箱根関など、江戸時代とほとんど変わることはなく、その主な機能は不審者の通過を阻《はば》むことにあった。

駅路を造る所管官庁がない!?

ここまで見てきたように、律令のなかには道路を造ることに関して、何ら規定されていない。それどころか、道路造りを所管する官庁も存在しない。しかし、いっぽうで『続日本紀』などの史料には、散発的ではあるが道路を造ったという記録がある。

そのひとつが、『続日本紀』天平《てんぴょう》九年（七三七年）四月十四日条にある、対蝦夷戦略を任《まか》せられた、鎮守府《ちんじゅふ》将軍大野東人《おおののあずまひと》による道路造りの記事である。

大野東人は、多賀城《たがじょう》（現在の宮城県多賀城市）から出羽柵《でわのき》（現在の秋田県秋田市）までの道が、遠回りであるため、緊急時の連絡や軍隊の移動が速やかにできるように、新たな道路を造ることを政府に申し出、許可された。

東人は、捕虜を含め六〇〇〇名ほどの兵を率い、自ら赴《おもむ》き道路を開通させた。道路の総延長は約八二キロメートル、そのうちの半分の区間は奥羽《おうう》山脈を越える難区間で、岩を刻《きざ》み、木を切り、谷を埋め、嶺《みね》を削るなどの難工事の末、ようやく開通にこぎつけたのである。

ここで大事なことは、戦略上必要な道路であるにもかかわらず、わざわざ政府に許可を求め、その許しを得てから着工していることである。先述のように、政府には道路造りの役所は存在しなかったが、それは勝手に道路を造ってもよいことではなく、新たな道路を造ることに対する許認可権は政府が持っていたのである。

いっぽう、『続日本紀』和銅六年（七一三年）には、吉蘇路《きそじ》を新たに造ったという記事が見える。そして翌年、工事責任者である美濃守《みののかみ》（美濃国の国司）笠朝臣麻呂《かさのあそんまろ》、門部連《かどべのむらじ》御立《みたち》、山口忌寸兄人《やまぐちのいみきえひと》、工事を指揮・監督した伊福部君荒当《いふくべのきみあらまさ》に対する論功行賞がなされている。この記事から、道路敷設の責任者は国司であったこと、工事に携わったいずれの者も官位を持つ役人であったことがわかる。

『日本後紀』延暦《えんりやく》二十一年（八〇二年）には、富士山の噴火による噴石でふさがれた足柄路《あしがらじ》を廃止し、筥荷途《はこにじ》を開削《かいさく》したとある。この記事の書きかたは、先の吉蘇路開削の記事と同様であり、おそらく政府が地方に命じて造らせたのであろう。

もちろん、足柄路が使えなくなったという情報は地方から届いたものであり、それを受けて、政府が新たな道路開削を命じるという形式を採ったと考えられる。ちなみに、筥荷途を「路」ではなく「途」と表現しているところから、開通した筥荷途は仮設の迂回路《うかいろ》であったのだろう。

これらの記事から、当時の道路造りは政府が命じて地方に造らせる、あるいは地方の申請を受け政府が認可する、という形態で行なわれたことがわかる。

ニュアンスが多少異なるが、現在にたとえれば、国が計画した高速道路を、中央官庁出身の知事が総責任者となり、地方の技術者や労働力を結集し工事を行なう、といったことになろうか。だからこそ、中央官庁に道路造りの役所を置く必要がなかったのである。

駅路は、国家にとって、重要な情報伝達網として、そして物流ルートとしての役割を持っていた。しかし、その建設から維持は、すべて地方の責任に委ねられた。また、駅家などの施設運営も、基本的には地元に委ねるなど、政府が持つ強大な権限に地方が従うことによって、あらゆる制度が機能していたことがわかる。

このことは、地方の事情を無視した駅路の路線構成や、後にお話しする、その廃絶理由を考えるうえで重要な意味を持つのである。

第四章　古代道路の工法

古代の測量技術

繰り返し述べてきたように、駅路はとにかくまっすぐに造られている。多少の起伏であれば、そこに湿地があっても、丘があっても、それらをいっさい無視して、ひたすらまっすぐに走っている。

平野部を通る駅路は、まさに壮観である。その姿は、まるで台地に引かれた一筋の線のようである（写真8）。発掘調査で確かめられた、もっとも長い直線区間は、博多湾から大宰府に向かう西海道駅路や群馬県内の最初の東山道駅路などで、その延長は八キロメートルだが、推定部分を含めると二〇キロメートル以上にもおよぶ直線区間を持つものも多い。

ちなみに、現在、日本の道路でもっとも長い直線区間は、北海道札幌《さっぽろ》市と旭川《あさひかわ》市とを結ぶ国道12号線の滝川《たきかわ》—美唄《びばい》で、その距離は二九・二キロメートル。北海道以外では一〇キロメートルを超える直線区間がまれであり、私たちは、駅路のような直線道路を目にする機会はあまりない。

複雑に曲がりながら、目的地に到着する道路を造るよりも、まっすぐに道路を造る

写真8　まっすぐに伸びる駅路の痕跡

写真中央にまっすぐに伸びる地割りが駅路の痕跡である。
佐賀平野では、各所でこのような痕跡が認められる

（写真／佐賀県教育委員会）

ほうが簡単ではないか、と思われる方もいるかもしれない。

確かに、ロープを張れば直線を簡単に引くことができる。しかし、起伏のある土地に、数キロメートルにおよぶ直線を現在のような測量機材を用いずに引くのは、たやすいことではない。駅路を造った古代人たちは、きわめて単純な道具と、熟練の技によって、それをやってのけたのである。

駅路を造るための測量は、測量技師ひとりと助手ふたりでできた。使う道具は、まっすぐで同じ太さの棒が二本。たったそれだけである。

その方法はまず、基準となる直線の片方に測量技師が立ち、もう片方に棒を持った助手が立つ。そして、その助手のむこう側にもうひとり、棒を持った助手を立たせる。測量技師は、手前の助手が持つ棒の陰に、奥の助手が持つ棒が隠れるように、奥の助手を誘導する。基準線の延長上に置いた二本の棒がぴたりと重なれば、奥に置かれた棒の場所まで、直線を延長できるという寸法である。測量技師が誘導を誤らない限り、これを繰り返すことによって、どこまでも直線を伸ばすことができる。

おそらく、駅路の測量は起点を決め、山の頂などを目印として方向を決めて、そこから先の方法で直線を延々と伸ばしていったのであろう。そうして引いた基準線は、道路のセンターラインとなり、そこから必要な幅を左右に割り振ったと考えられる。

もちろん、一定の幅を安定して確保するためには、左右それぞれ同じ長さを直角に割り振らなければならない。直角に割り振る方法は、みなさんも学校で習ったピタゴラスの定理を用いればよい。三角形の斜辺と、他の二辺の比率を五対四対三にすれば、直角ができあがる。この方法は、日本でも駅路の建設よりもはるか以前、前方後円墳の設計にも用いられていた。

駅路の両側溝の中心間（片方の側溝中央から、もう片方の側溝中央まで）の長さは、六、九、十二メートルが多く、駅路から分岐《ぶんき》する道路には三メートル程度のものが多い。つまり、古代の道路の幅は、三の倍数となるのが一般的である。

これには理由がある。当時の一尺《しやく》は三〇センチメートル弱であり、一〇尺をもって一丈《じよう》としていた。よって、十二メートル幅の道路は四丈、六メートルだと二丈といった具合に、一丈を基本単位として造られていたと考えられるのである。

センターラインを引いた後は、そこから左右にそれぞれ二丈を測《はか》り、基準線と平行する線を引く。その線は側溝を掘る際の中心線とする。そうすることによって、両側溝の中心間の長さが四丈となる道路の測量が完了するのである。

もうひとつ、駅路建設の際に必要な測量技術について述べておこう。駅路のなかには、その走行方向を東西、あるいは南北に合わせているものがある。このような道路を造るためには、正しく東西南北を測る技術が必要である。そのもっとも原始的で簡単な方法は、ひとりの測量技師と一本の棒があればできる（図表5）。

これは、公園などで見かける日時計と同じ原理であり、中国の『周礼《しゅらい》』という文献にも記されている。ただし、棒の影は季節、天候、時間によっては、にじんだりぼやけたりすることもあり、誤差が生じることもよくある。そのため、星を観測して、より正確に南北を割り出す方法が、遅くとも奈良時代には用いられていたようである。

このように、駅路の測量技術者は、単純な道具を用いながらも、きわめて正確な測量を行なっていた。その測量方法は理《り》に適《かな》ったものではあるが、正確に実践するためには熟練の技と集中力、そして何よりも妥協を許さない姿勢が必要だったのである。

図表5 古代の方位測定法

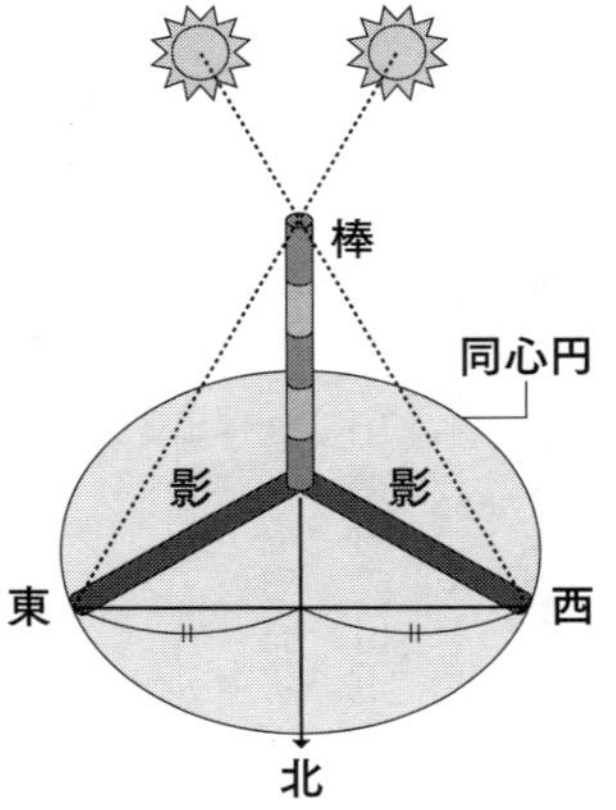

①棒を地面にまっすぐに立て、根元を中心に同心円を描く

②時間経過とともに、棒の影が移動する

③同一円周上にある影を結ぶと、東西となる

④その二等分点と棒の根元を結ぶと、南北となる

現在の道路工法

測量技術者のおかげで、まっすぐな駅路の土台はできあがった。しかし、ここからの作業は、さらに過酷だった。

とても歩けそうもない湿地であっても、道路造りを指示する役人は、とにかくまっすぐ道路を通せと言う。

また、少々の丘であっても、それを切り崩してまっすぐ通せと言う。測量技師たちは、言われたとおりに線を引いていく。

そうなれば、多少無理な要求であっても、実行しなければならない。発掘された駅路のなかには、当時の作業の過酷さが伝わってくるようなものが、いくつもある。

古代の人々は当時持ち得た、ありとあらゆる技術を駆使して、その難題を克服し、駅路を開通させたのである。

発掘調査をしなくても、彼らの労苦を目の当たりにできる場所が各地に残っている。なかでも、佐賀県は、その痕跡がもっともよく残っている。弥生時代の大規模集落として著名な吉野ヶ里《よしのがり》遺跡の付近には、比高差《ひこうさ》最大約六メートルにおよぶ西海道駅路の切通しが、長さ約一〇〇メートルにわたって今なお見ることができる（写真9）。

また、同県三養基《みやき》郡上峰《かみみね》町にある堤土塁《つつみどるい》は、古代道路跡と考えられており、底辺約四〇メートル、上辺一〇メートル以上、高さ約二メートルの盛り土が、長さ約三〇〇メートルにわたって確認できる。

このような痕跡が確認されるのは、駅路が小高い丘を通過する部分や、低地を通過する部分であり、規模の大小こそあれ、全国各地に存在している。

駅路は、基本的には、丘陵部では地面を掘り込んだオープンカット工法、低地部では盛り土工法で造られている。低地部など地盤の不安定な場所では、特に入念に造られており、古代の土木技術を知るうえでも格好の材料でもある。

写真9 現在も残る駅路の切通し

吉野ヶ里遺跡の東方約500mの地点にある。駅路建設に注ぎ込まれた労働力の大きさを実感できる場所である

（写真／佐賀県教育委員会）

ただし、その工法は一律ではなく、地域や道路によって異なる工法を採《と》る場合が多い。

そして、工法の違いは、駅路を建設した土木技術者の違いを反映している可能性もある。

これから、話は発掘された古代道路の造りかたへ向かうが、その前に、現在の道路工法についても簡単に紹介しておきたい。

それというのも、これからの話の多くは、目に見える路面の話ではなく、地下構造が中心となるので、まず道路とはどのように造られているのかをご理解いただきたいからである。

現在、頑丈な道路を造るためには、まず道路の基礎となる地面、路床《ろしょう》をしっかり固めることが重要になる。この部分が頑丈でなければ、いかに表面をしっかり造っても、へこんだり、崩れたりするからである。

どんな構築物であっても、基礎工事がしっかりしていなければならない。そのため、地盤の強度が足りない場合は、地面を一定の深度で掘削《くっさく》し、セメントの粉のような地盤改良材を土に混ぜ込み、それを十分に突き固めるのである。

次に、路床の上に砂利《じゃり》を敷《し》く。この砂利は下に目の粗《あら》いものを、上に目の細かいものを用い、一定の厚さまで盛る。この砂利層のことを路盤《ろばん》という。路盤は路面から伝わる振動を吸収、分散する役割をはたし、その厚さや、砂利の大きさも、計算のうえで決められる。最近では、砂利の代わりに発泡スチロールを用い、より振動を分散しやすくしたEPS工法なるものも現われている。

そして、路盤の上にアスファルトを敷き表層《ひょうそう》とするが、これも路床の強度を計算し、厚さが決定されるのである（図表6）。

このように現在の道路は、道路造り特有の工法や計算により、設計・施工されてい

図表6　現在の道路構造

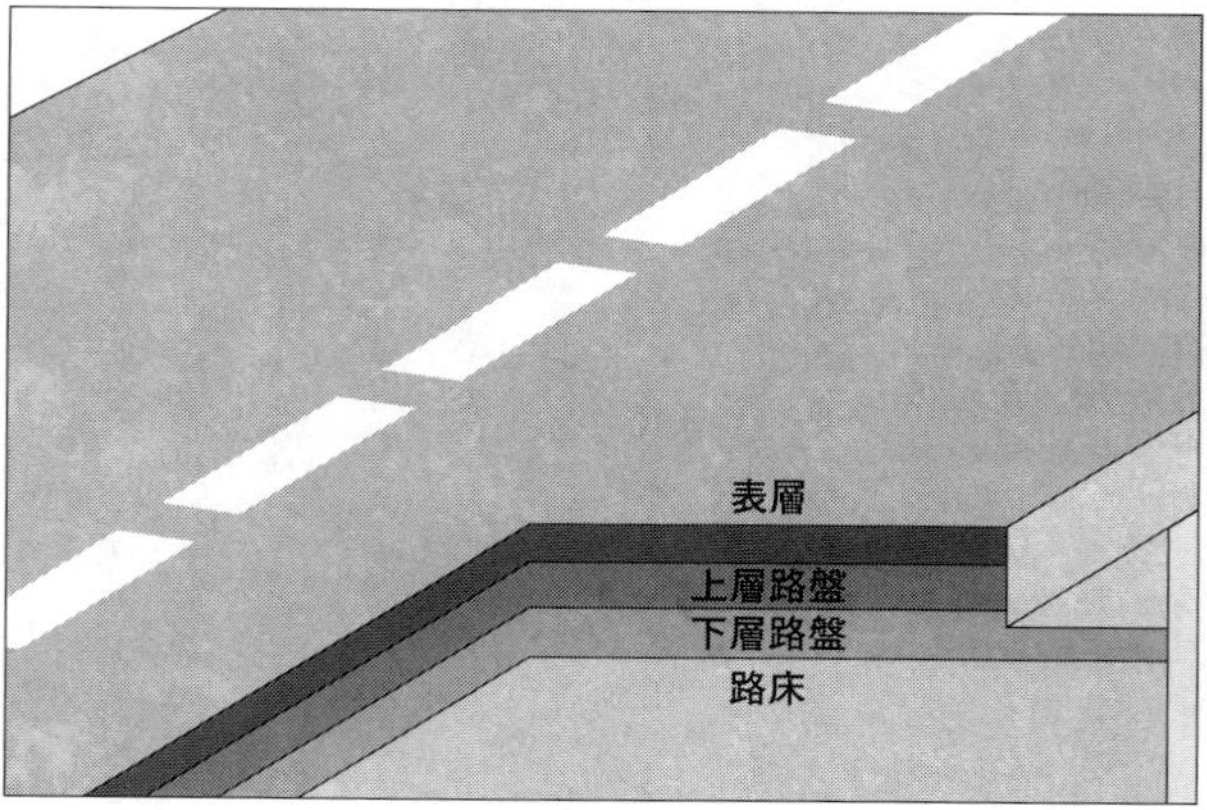

る。現在の工法や各層の役割を理解しておくと、古代道路の造りかたを理解する手助けになる。

［古代道路の工法1］地盤を造る

少々くどいようだが、駅路はまっすぐに造るために、途中の湿地や丘など、さまざまな地形を克服している。

古代の人々にとって、もっともやっかいな地形とは、湿地帯であった。古代の人々に対しては、酷《こく》な言いかたになるが、丘は削ってしまえばよく、単純な話、労働力さえ大量に投入すれば、克服できる地形である。

それに対し、湿地は、土を入れても泥と混じってしまい、なかなか人が通れる状態にならない。何とか埋め立てたとしても、底はぬかるんだままであり、雨でも降れば、また元の状態に戻ってしまう。

このような場所に道路を造るためには、通過する部分の地面そのものを強化するか、人工的に頑丈な地面を造るしかない。つまり、先にお話ししたように、路床を造る必要があるのである。

古代によく行なわれていた、頑丈な地面を造り上げる工法には、掘込地業《ほりこみじぎょう》という工法がある。これは、宮殿や寺などの大規模な建物や、大量の物を蓄える倉などの建設に先立って行なわれた。

まず、建物の大きさよりもやや広い範囲で土を掘る。そこに、締《し》まりやすい土を厚さ三〇センチメートル程度入れ、杵《きね》のような道具で突き固める。入れた土の厚さが半分から三分の一程度になったら、また、土を入れて突き固める。それを延々と繰り返すという、何とも根気のいる作業である。

土を突き固める工法を、版築《はんちく》工法と呼び、古代の人々は、この方法で高さ三メートル以上の土壁《どべい》（築地塀《ついじべい》）まで造っていたのである。

なお、版築工法は、戦後でも、池の堤《つつみ》などを造る際に用いられていた。もともとは中国で考えられたものであったが、古代に日本に伝来して以来、日本の伝統的な土木工法として、すっかり定着している。堀込地業は、あまりにも手間暇《てまひま》がかかるため、現在までのところ、古代道路では認められていないが、大宰府朱雀大路《すざくおおじ》では、杵のような工具で地面を突き固めた痕跡が見つかっている。

また、突き固めた層こそ認められていないものの、軟弱な地盤を掘り、砂などよく締まる土で埋め戻すという工法は、埼玉県比企《ひき》郡吉見《よしみ》町の西吉見古代道路と名づけられた、東山道駅路でも採用されているほか、古くは奈良県御所《ごせ》市の鴨神《かもがみ》遺跡で発掘された、古墳時代の道路にも見られる。

これ以外には、敷葉《しきば》工法（写真10）と呼ばれる工法が古代道路で認められている。これは、古墳時代に朝鮮半島から日本に、池の堤を造るための工法として伝来したようである。軟弱な地盤の上に、葉のついた木の小枝を大量に敷き、その上に土を盛り、一定の高さに積んだら、再度、木の小枝を敷き、その上に盛り土を行なう。

この工程を繰り返す工法であり、木の小枝を敷くことによって、ぬかるんだ土と盛った土とが混ざることを防ぐとともに、地下水をそこで吸収するという意図《いと》があったと考えられる。木の枝の層は、盛った土の重さを分散させるクッションの役割をはたすとともに、盛り土全体が崩れることを防止する。

古代道路の場合は、土を盛る前に一度だけ、木の枝を置くのが一般的であり、盛り土の間に小枝の層は認められないが、七世紀中頃に造られた奈良県高市郡明日香村の阿倍山田道《あべやまだみち》、東京都国分寺市の恋ヶ窪《こいがくぼ》遺跡の東山道駅路でも認められている。さらに、兵庫県佐用《さよう》郡佐用町の長尾《ながお》・沖田《おきた》遺跡では、木の小枝の代わりに、丸太と石を敷いた古代道路が発掘されている。

このように、古代の人々も頑丈な道路を造るために、現在の道路造りと同様、路床の強化を行なっているのである。工法こそ違うものの、その建築思想は現在とまったく同じである。

写真10 敷葉工法

阿倍山田道で検出されたもの。この付近は湿地帯だったが、七世紀中頃に大規模な造成がなされ、道路が開通するとともに、迎賓館《げいひんかん》も整備された　（写真／奈良文化財研究所）

[古代道路の工法2] 路盤を造る

現在の道路は、自動車という重量物が日常的に通行するため、その震動や重量を分散する必要上、路盤にも工夫が凝《こ》らされている。

古代は、重量物といっても、荷車《にぐるま》や牛馬程度であり、現在ほどしっかりした路盤を造る必要性は認められない。

しかし、駅路のなかにも石混じりの砂で盛り土をした事例がいくつかある。石混じりの砂は、透水性《とうすいせい》が良いため、常に路面を乾燥した状態にしておくことができるが、逆に崩れやすく、維持・管理に手間がかかるという欠点がある。

それなのに、あえて、このような土を用いたのには、何らかの理由があるはずである。残念ながら、その理由は明らかではないが、朝鮮半島の道路には、大量の石を盛ったものがいくつか見つかっている。もしかしたら、渡来人の技術者が、施工に携わっていたのかもしれない。

前置きが長くなったが、その具体的な事例である福岡県京都《みやこ》郡みやこ町の呰見樋《あざみひ》ノ口《くち》遺跡で見つかった西海道駅路を紹介しよう。この遺跡は、祓川《はらいがわ》という河川に近い、大雨が降れば冠水するような場所で見つかった。その道路は、図表7の手順で造られている。

崩れやすい砂を盛るという弱点を、粘土《ねんど》で道路全体を覆《おお》うことで克服している。この道路は、今まで発掘された道路のなかでも、もっとも手の込んだもののひとつだろう。

この他、この道路と同じように、石混じりの砂で盛り土して造った道路には、平安京の羅城門《らじようもん》から南へ伸びる、平安時代の山陽道駅路と南海道駅路を兼ねた久我畷《こがなわて》という道路でも確認されている。

図表7 古代道路の工法

①地盤である軟弱な粘土層を、深さ20㎝ほど掘削する

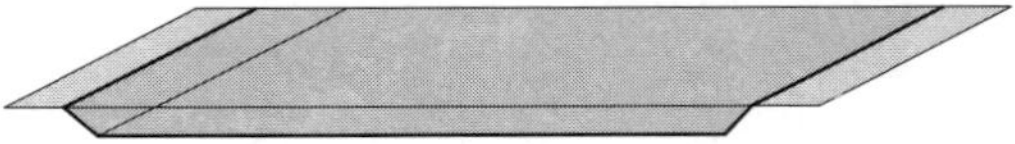

②石混じりの砂を75～95㎝の厚さで盛る。その上に、先の粘土に砂を混ぜた土を15㎝ほどの厚さで盛り、叩《たた》き締めて路面を造る。さらに、裾《すそ》部分に石を並べる

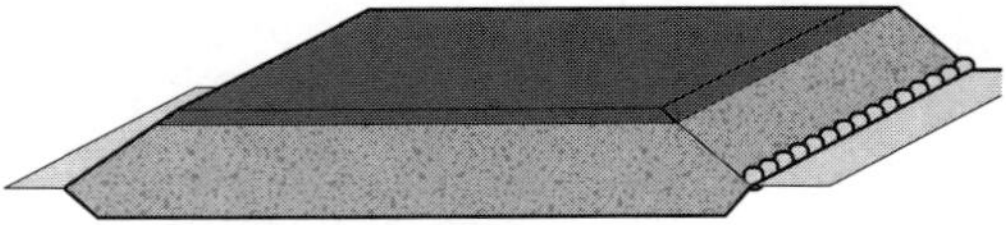

③道路と同じ高さになるまで、道路の両側を完全に覆うように、粘土を盛る

④最後に路面の両側を溝状に掘り、側溝とする

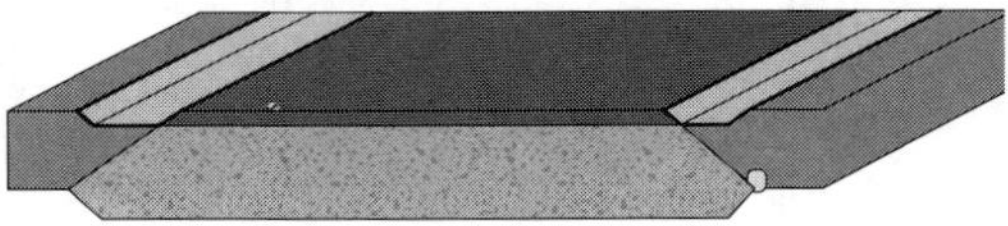

※呰見樋ノ口遺跡の例

[古代道路の工法3] 路面を造る

現在の道路は、アスファルト舗装《ほそう》されているものが一般的である。この発想は、路面そのものに強度を持たせることに狙いがあり、コンクリート舗装から、より敷きやすく、乾きやすいアスファルトへと変化した。最近では、アスファルトからの熱の発散を避けるため、水をはじくものから、水を吸収しやすい素材へと変化しているようである。

もちろん、古代にはアスファルト舗装の道路はない。しかし、できるだけ頑丈な路面を造ろうという思想は同じであるだけでなく、石畳《いしだたみ》のように、水をはじくような路面ではなく、水を吸収しやすい路面を古代の人々は造っていた。

古代の宮殿や寺のなかには、石敷きの道路があったが、駅路のほとんどの路面は、土であった。路面が残っている事例の多くは、透水性の良い砂などを用いていた。ぬかるまない道を造るために、効率よく水分を浸透させるという配慮がなされていたようである。

福岡県春日《かすが》市の先《さき》ノ原《はる》遺跡で発掘された西海道駅路は、路面に砂を敷き、京都府乙《おと》訓《くに》郡大山崎《おおやまざき》町の山陽道駅路では、きめの細かい土に土器片や小石を混ぜていた。

いっぽう、特異な路面もある。奈良県奈良市の日笠《ひがさ》フシンダ遺跡では、奈良時代の道路の路面に板を敷いていた（写真11）。

この道路は、神社へ向かう通路だったらしく、付近からは絵馬《えま》が出土している。同様の事例は、東海道駅路と考えられる、静岡県掛川《かけがわ》市の八坂別所《やさかべっしょ》遺跡でも見つかっているが、この板敷は路面ではなく、路床の可能性が指摘されている。

写真11　板が敷かれた道路

（写真／奈良県立橿原考古学研究所）

なお、みなさんは古道と言えば、石畳道を想像されるであろうが、そのもっとも古い事例でも十三世紀であり、寺社など信仰の場に向かう道路に限定されていた。

石畳道が一般化するのは、江戸時代でも後半以降であり、それも山間部を通る街道などに限定されていた。

石畳道は、頑丈な道を造るという発想よりも、むしろ、日常的に手入れが行き届かない道路が、草木により埋もれたり、雨で路面が流されたりしないために採用されたのだろう。

［古代道路の工法4］側溝を掘る

古代道路には、側溝を伴うものが多い。しかし先述のように、その多くは水が流れた形跡がないばかりか、溝底《みぞそこ》が凸凹であったり、溝そのものが連続しないものもあったりする。

このことは、古代道路の側溝が、排水のための施設ではなく、単に道幅を明示するだけの施設だったことを示している。つまり側溝とは、道路の広さを人々に見せつけ、それを造り上げた国家権力を目で感じさせるために掘られたと考えられる。

しかし、なかには道路側溝が、周辺の条里水田に水を供給するための水路の役割をはたした事例もある。静岡県静岡市の曲金北《まがりかねきた》遺跡の東海道駅路（写真13）などは、その好例である。

さらに、道路側溝が運河の役割をはたしていたり、道路そのものが船着き場として機能していたものもある。

奈良盆地中央を南北に走る下ツ道は、七世紀はじめに存在した最古クラスの直線道路であるが、その東側溝は七世紀後半頃に拡幅され、運河として利用されたと考えられている。そして、この運河は、藤原京から平城京へ遷都の際に、陸路とともに物資の運搬に利用されたのである。

石川県河北《かほく》郡津幡《つばた》町の加茂《かも》遺跡で発掘された北陸道駅路の側溝は、日本海につながる河北潟《がた》へ流れる水路と合流しており、合流部分の側溝が部分的に広がっている。付近には杭《くい》が打たれていることから、日本海から河北潟に運び込まれた荷物を小舟に積み替え、水路を通って駅路まで持ち込んだと想定される。側溝で見られた杭は、小舟をつなぎとめるためのものと考えられる。おそらく、駅路上で、荷物の積み下ろしが行なわれたのだろう。

なお、この船着き場と考えられる場所からは、百姓の心がまえを書いた平安時代のお触れ書きが出土している。

発掘された個性的な駅路

本章の最後に、発掘調査で見つかった特異な駅路の事例を、いくつか紹介しよう。

まずは、福岡県春日市で見つかった西海道駅路である。この道路は、盛り土により造られたものであるが、盛り土の底幅は、ゆうに三〇メートルを超えている。上部は失われているものの、仮に路面の幅を周辺で見つかったものと同様に十一メートルと仮定すると、盛り土の高さは一〇メートル程度と推定される。この規模は、現在、確認されている駅路のなかで最大を誇る。

この道路がなぜ、これほどの規模で造られたのか。その答えはこの道路が通過する場所の地形にある。道路が通過する場所は、谷の出口にあたり、それをふさぐように駅路が走っている。その結果、この道路は谷から流れる水をせき止めることになり、道路の山側が溜池《ためいけ》になる。

先に道路が、条里と一体のものとして造られたという話をしたが、この道路は、条里水田に水を供給する、溜池の役割もはたしていたのである。

これとまったく同様のものは、大分県中津《なかつ》市の西海道駅路でも見られる。宇佐八幡《うさはちまん》宮《ぐう》とかかわりの深い薦《こも》神社の境内《けいだい》にある三角池《みすみいけ》の堤が、駅路の跡である。ということは、三角池そのものも一三〇〇年以上前の池ということになる。なお、この池は、神社の霊池として、今でも篤《あつ》く祀《まつ》られている。

群馬県太田《おおた》市の大道西《だいどうにし》遺跡の東山道駅路の構造は、特に取り立てて不思議な点はないが、その側溝から、馬の埴輪《はにわ》がばらばらになった状態で出土している。つなぎあわせたところ、完全な形で復元できた。このことは、道路側溝を埋める前に、付近の古墳から馬の埴輪を持ってきて、それを砕《くだ》いて側溝に入れたことを示している。

埴輪の作成時期は六世紀後半。そして、この道路が造られたのは、早く見ても七世紀後半であるので、この埴輪は古墳に立てられてから一〇〇年間、そのままの姿で立ち続けていたことになる。そのことも驚きだが、それをわざわざ持ってきて、壊して埋めたというのも不思議な話である。

平城京や大宰府などの道路側溝からは、しばしば牛馬の骨が出土することがあり、なかには、粉々《こなごな》に砕かれたものがある。骨が出土する場所の多くは、道路の交差点付近が多く、これらの骨は、そこで行なわれた何らかの祭祀に伴うものという説がある。

律令国家は、さまざまな祭祀を行なっていたことが知られているが、そのなかに道《みち》饗祭《あえのまつり》という儀式がある。これは、都市に侵入しようとする悪い神を、酒食で接待し、そこでお引き取り願おうというものであり、多くの人々が行き交《ゆか》う都の四隅《よすみ》で、毎年六月と十二月に行なわれた。その時の供物《そなえもの》のなかに、牛・鹿・猪《いのしし》の皮などがあった。

古代の人々は、人や動物だけでなく、神も道路を通ってくると考えており、その供物のひとつが、道路から出土する牛馬の骨だったのだろう。しかし、牛馬は当時、貴重な労働力であり、そうたやすく殺すわけにはいかない。生きた牛馬の代わりに、古墳時代の人が作った埴輪を供えた。それが、大道西遺跡から出土した、馬の埴輪の正体かもしれない。道路は、祭祀の場でもあったのである。

このように、発掘調査ではさまざまな道路が見つかっている。そこには、沿線の土地利用の関係から、通行のため以外の役割が道路に追加されたものもあれば、道路を利用した人々の痕跡が残っているものもある。同じ駅路といっても、じっくりと観察していけば、そこには多種多様の顔が見えてくる。

第五章　地図から読む古代道路

地図から読み解く工夫

読者のなかには、「地図を見るのが好き」という方も、けっこういらっしゃるかと思う。なかには、地図を眺《なが》めるだけで、その土地に行った気になれる方や、地図のなかを旅することができるという想像力豊かな方もいらっしゃるだろう。

古代道路の研究者の多くはこういった人々で、まずは古い地図やら新しい地図などを熱心に見て、古代道路を探し、周辺の遺跡を確認する。そして、古代道路が造られた目的や役割を考えるのである。

ただし、いくら地図とにらめっこをしても、なかなか、それは見えてこない。地図から、古代道路の目的や役割を読み取るには、地図そのものにちょっとした細工《さいく》が必要なのである。

ここでは、市販の二万五〇〇〇分の一の地図上に、古代の姿をよみがえらせ、そこから古代道路の性格を考えてみる。用いる地図は、現在の岡山県中心部、古代には吉備国《きびのくに》と呼ばれた地域の中心地である。また、必要に応じて他地域の地図も参照する。

なぜ、この地域を採り上げたのか？　その理由は、話を進めていくうちにおわかりいただけると思う。参考までに、駅路を考えるためのキーワードを挙げておこう。

キーワード1　水上交通
キーワード2　古墳、国府、郡衙、駅家、古代山城《さんじょう》
キーワード3　条里制地割り
キーワード4　近世の街道と現代の高速道路

134、135ページの図表8をご覧いただきたい。この地図のなかに国分寺《こくぶんじ》など、いくつかの情報を入れ込んである。国分寺、国分尼寺《こくぶんにじ》は、天平十三年（七四一年）、仏教による国家鎮護を目的として、聖武《しょうむ》天皇により諸国に造られた。

この地図で、もっとも手間がかかったのが、古代の海岸線を入れ込んだことである。江戸時代、岡山藩による干拓がなされるまで、吉備内海《きびのうちうみ》あるいは吉備穴海《きびのあなうみ》と呼ばれる大きな入江《いりえ》が、現在の岡山市中心部付近まで入り込んでいた。『日本書紀』にも「穴海」の文字が見え、かつては、この入江が重要な海上交通ルートであったことが

わかっている。

また、発掘調査や地質調査から、この入江は、古墳時代以前は図で示したよりも、さらに内陸まで入り込んでおり、現在の市街地周辺の山々はすべて島であり、児島《こじま》半島も島であったと推定されている。

古代の海岸線は、遺跡の分布などから見て、おおむね標高二メートルラインと考えられ、それを結んでいくと、海岸線がもっとも入り込んでいた場所は、現在の吉備津《きびつ》彦《ひこ》神社のあたりとなる。

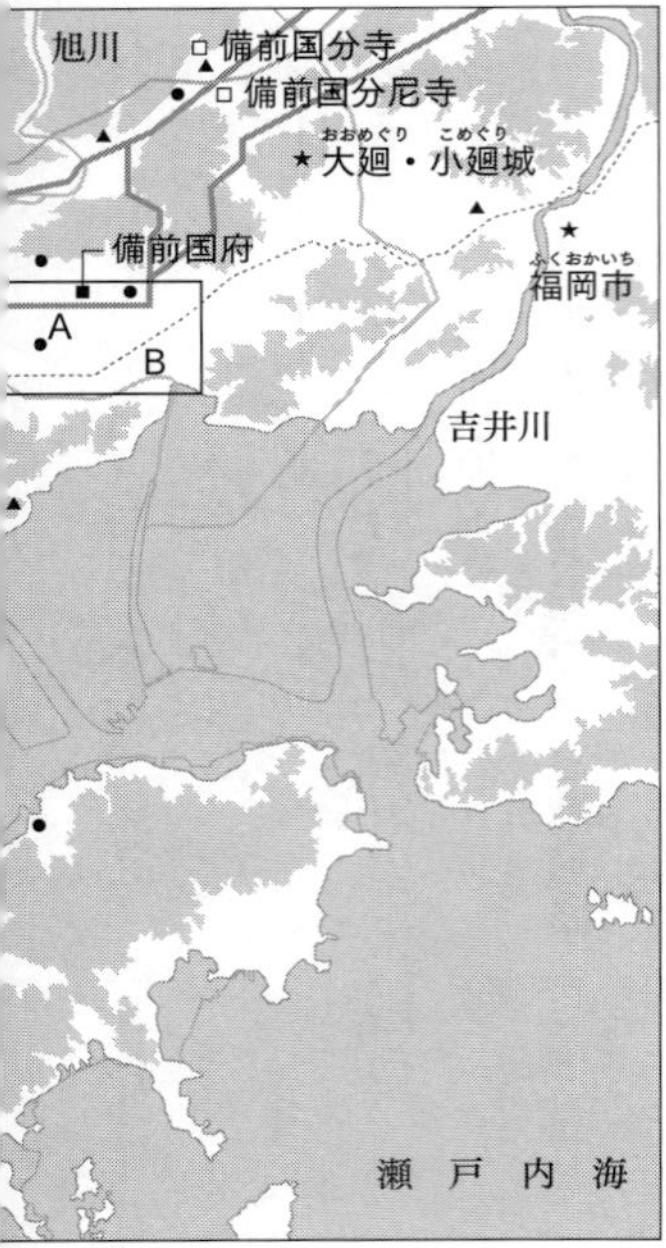

岡山市内には、「津」の字がつく地名が、内陸部にも多く分布している。
「津」とは、港湾を指す言葉であり、吉備津彦も含め、これら「津」

図表8　古代の吉備国の地形と遺跡

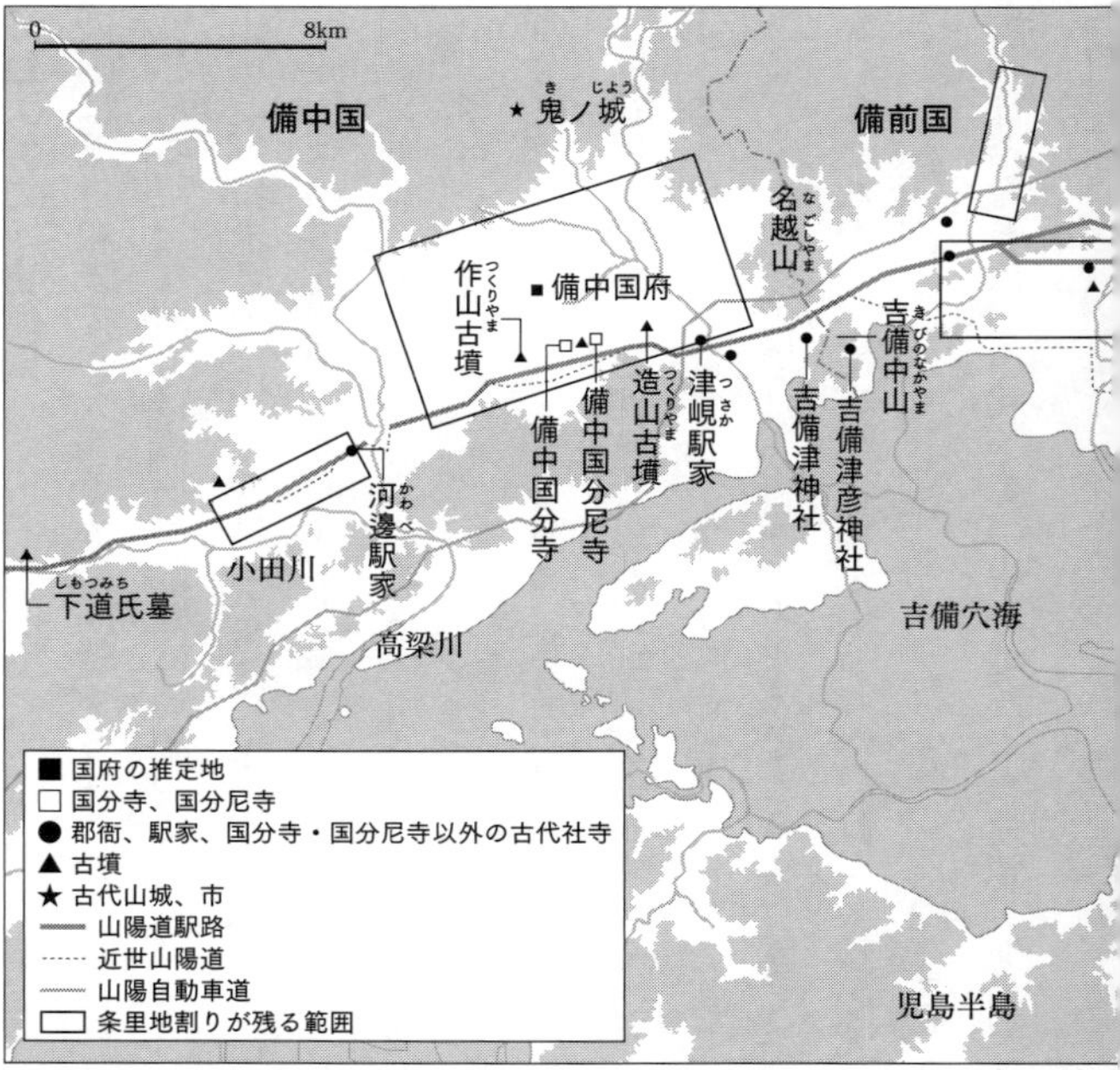

の字がつく地名は、かつて港湾があったことを示しているのかもしれない。

古代の地形と遺跡の分布が、ある程度、地図上に復元できたところで、駅路の話はすこしお待ちいただき、文献史料や発掘調査で明らかになった、この地域の歴史について大まかに整理しておきたい。

古代の巨大勢力・吉備国《きびのくに》

吉備国は五世紀まで、大和王権《やまとおうけん》に匹敵するほどの力を持っていた。そのことは、この地域にある巨大な前方後円墳が雄弁に物語っている。

岡山市北区にある造山《つくりやま》古墳は、五世紀前半に造られた、墳丘《ふんきゅう》の長さ約三五〇メートル、後円部の復元径《けい》約一九〇メートル、後円部の高さ約二九メートル、前方部の幅二一五メートル、前方部の高さ二五メートルの前方後円墳であり、その大きさは全国第四位（図表9）である。

この古墳に近接する作山《つくりやま》古墳は、五世紀中頃に造られた、墳丘の長さ約二八六メートル、後円部の径一七四メートル、前方部の長さ一一〇メートル、前方部の幅一七四メートル、前方部の高さ二二メートルの前方後円墳であり、その大きさは全国第九位である。ふたつの古墳は、吉備国の王の墓と考えられている。

当然のことながら、巨大な古墳を造るためには、大勢の人々を動員しなければならず、そこに葬《ほうむ》られた人は、それだけの力を有していたことを示している。事実、巨大古墳のほとんどは、大和王権の中心地だった大和、河内、和泉など畿内に集中して

図表9 古墳ランキング

順位	名称	全長(m)	所在地
1	大仙陵《だいせんりょう》古墳	486	大阪府堺市
2	誉田《ごんだ》御廟山《ごびょうやま》古墳	425	大阪府羽曳野市
3	上石津《かみいしづ》ミサンザイ古墳	360	大阪府堺市
4	造山古墳	350	岡山県岡山市
5	河内《かわち》大塚山《おおつかやま》古墳	330	大阪府羽曳野・松原市
6	見《み》瀬《せ》丸山《まるやま》古墳	310	奈良県橿原市
7	渋谷向山《しぶたにむこうやま》古墳	300	奈良県天理市
8	ニサンザイ古墳	290	大阪府堺市
9	仲《なか》ツ山《やま》古墳	286	大阪府藤井寺市
	作山古墳	286	岡山県総社市
11	箸墓《はしはか》古墳	278	奈良県桜井市
12	五《ご》社《さ》神《し》古墳	275	奈良県奈良市
13	ウワナベ古墳	255	奈良県奈良市
14	市庭《いちにわ》古墳	250	奈良県奈良市
	メスリ山《やま》古墳	250	奈良県桜井市
16	岡《おか》ミサンザイ古墳	242	大阪府藤井寺市
	行燈山《あんどんやま》古墳	242	奈良県天理市
18	室大墓《むろのおおばか》古墳	238	奈良県御所市
19	市《いち》ノ山《やま》古墳	230	大阪府藤井寺市
20	宝来山《ほうらいやま》古墳	227	奈良県奈良市
21	大田《おおだ》茶臼山《ちゃうすやま》古墳	226	大阪府茨木市
22	墓山《はかやま》古墳	225	大阪府羽曳野市
23	ヒシアゲ古墳	219	奈良県奈良市
	西殿塚《にしとのつか》古墳	219	奈良県天理市
25	佐紀《さき》石塚山《いしづかやま》古墳	218	奈良県奈良市
26	川合《かわい》大塚山《おおつかやま》古墳	215	奈良県北葛城郡河合町
27	築山《つきやま》古墳	210	奈良県大和高田市
	西陵《さいりょう》古墳	210	大阪府泉南郡岬町
	太田《おおた》天神山《てんじんやま》古墳	210	群馬県太田市
30	津堂城山《つどうしろやま》古墳	208	大阪府藤井寺市

おり、古墳の長さでランキングした場合、上位三〇基《き》のうち、畿内が二七基を占める。ちなみに、畿内以外の古墳で作山古墳に次ぐ規模を持つものは、墳丘の長さ二一〇メートルの群馬県太田市の太田天神山《おおたてんじんやま》古墳で、全国第二七位である。このことからも、いかに当時の吉備国が大きな力を有していたかがわかるだろう。

吉備の勢力の強大さは、『日本書紀』からも読み取ることができる。吉備国は『日本書紀』に頻繁に現われる国のひとつであり、時に大和王権に対する反乱の記事も伝わる。古くは景行《けいこう》二十七年、ヤマトタケルによって、難波の柏済《かしわのわたり》の神とともに、吉備の穴済の神が征伐されたとある。「穴済」はアナワタリと読み、穴海を渡るという意味であったと思われる。

「難波と吉備は、ともに水陸交通の要衝《ようしょう》であり、ヤマトタケルが、このふたりの神を殺したことで、水陸の路《みち》が開けた」と『日本書紀』は伝えている。もちろんこの話は、大和王権が全国を支配する過程を、ヤマトタケルという人物に仮託したものであり、史実とは言い難いが、吉備の力のひとつが、水陸交通の掌握《しょうあく》にあり、大和王権に対抗する時は、交通路を遮断したのであろう。

雄略《ゆうりゃく》七年（四六三年）八月には、反乱の兆《きざ》しを見せた吉備下道臣前津屋《きびのしもつみちのおみさきつや》が、雄略天皇の命を受けた物部氏の兵士に、同族七〇人とともに誅殺《ちゅうさつ》されている。前津屋は、吉備国造であったともされている。古墳時代の国造は、大和王権に任命された地方官ではあるが、軍事権や裁判権も持つ、その地域の実質的な支配者であった。

また、同じ年に、前津屋の乱とは別に、吉備上道臣田狭《きびのかみつみちのおみたさ》が、天皇の命に逆らっている。さらに、雄略天皇の死の直後、吉備上道臣は、雄略天皇と吉備稚媛《きびのわかひめ》との間に生まれた星川皇子《ほしかわのおうじ》が反乱を起こしたことを聞き、それを助けるために、軍船四〇隻を難波に集結させている。乱が鎮圧されたことを知った田狭は、吉備へ引き返すが、清寧《せいねい》天皇により、罰として領地の一部を没収されている。

この頃の大和王権は、天皇家を中心として有力豪族が結集する連合政権であり、天皇と婚姻関係を結んだ有力豪族が連合政権の首班に立つ、という政治形態だった。吉備氏も何度か、天皇家に娘を嫁《とつ》がせるなど、王権の有力な構成員の一員だったが、地方豪族であるため政権中枢にかかわる機会は少なく、意にそぐわないことに対して、しばしば反乱を起こしたようである。

大和王権にとっても、瀬戸内海の海上交通の要所を占《し》め、強大な力を持つ吉備国を従わせることは、重要な政治課題であり、時に懐柔《かいじゅう》し、時に強硬手段に出るなど、両者の駆け引きは長い間行なわれていた。

それが、雄略天皇により屈服させられたのである。雄略天皇は即位にあたり、皇位を争う有力者を次々と倒し、位についた。さらに、物部氏や大伴《おおとも》氏といった天皇家に仕える豪族の力を利用して、当時、大和王権のなかでもっとも力を持っていた葛城《かつらぎ》本宗家を滅亡させるなど、天皇家の力を飛躍的に高めた天皇である。

吉備国も、雄略天皇によって強化された、天皇家とその家臣団の実力の前に、次第に力を削《そ》がれていったのである。

なお、吉備国自体も、当時の大和王権と同様、諸豪族による連合国家であったとする見かたもある。先に見たように、史料には吉備下道臣、吉備上道臣の名が見え、この他にも七世紀には三野臣《みののおみ》、加夜臣《かやのおみ》、笠臣《かさのおみ》などの名が見られる。有名な吉備真備《きびのまきび》は、下道臣の出身である。

吉備国の分割

力を削がれたとはいえ、吉備国の力はやはり強大であった。吉備氏は、しばしば将軍として朝鮮半島に派遣されており、その都度、半島の最先端の技術や文化を導入するとともに、多数の技術者を吉備へ連れ帰ったらしい。

天平十一年（七三九年）に書かれた、備中《びっちゅう》国内で税金を負ったまま死亡した人の名簿「備中国大税負死亡人帳《たいぜいふしぼうにんちょう》」にもとづく推定によると、現在の岡山市・総社《そうじゃ》市付近では、全人口のうち二～三割が渡来人であったとされている。吉備国は、渡来人の持つ最新の技術力などにより、雄略天皇の時代以降も、力を保持しつづけたと考えられる。

大和王権は、推古天皇の時代、吉備の地に楔《くさび》を打ち込むべく、児島屯倉《こじまのみやけ》、白猪屯倉などの直轄地を設け、瀬戸内海の海上交通の支配に成功する。

そして、持統三年（六八九年）の飛鳥浄御原令の発布に伴い、吉備国を備前・備中・備後《びんご》に三分割、さらに和銅六年（七一三年）には備前国を分割し、美作国を建国した。これによって、吉備国は四つの国に分割され、それぞれ別々に中央の支配を受けることになった（図表10）。

備前国と備中国の国境は、吉備中山《きびのなかやま》、名越山、大平山《おおひらやま》の稜線《りようせん》上で設定された。吉備中山は、古くからの信仰の山であったと考えられ、その麓《ふもと》には吉備津神社と吉備津彦神社がある。吉備津神社は備中国の一宮《いちのみや》、それに対し吉備津彦神社は備前国の一宮である。一宮とは、それぞれの国において、もっとも社格が高いとされた神社のことで、平安時代の終わり頃に定められた。

一宮には、政治的にも地域の民衆からも、もっとも信仰を集められていた神社があてられている。吉備津神社と吉備津彦神社は、その名から見ても、この地域が吉備国だった頃から篤く信仰されていた可能性が高く、備前国と備中国とに分割する時に、両国で神社を分け、それぞれの国の守護神としたと考えられる。言い換えるならば、吉備国の人々が崇《あが》めていた神が鎮座《ちんざ》する場所を国境とすることにより、神も仲良く分けあったと考えられる。

備前国と備中国とで神を分けあうとは、たとえば江戸時代の大名の国替《くにが》えのように、巨大な吉備勢力を備前国か備中国かのどちらかに押し込めた、ということではな

図表10 分割された吉備国

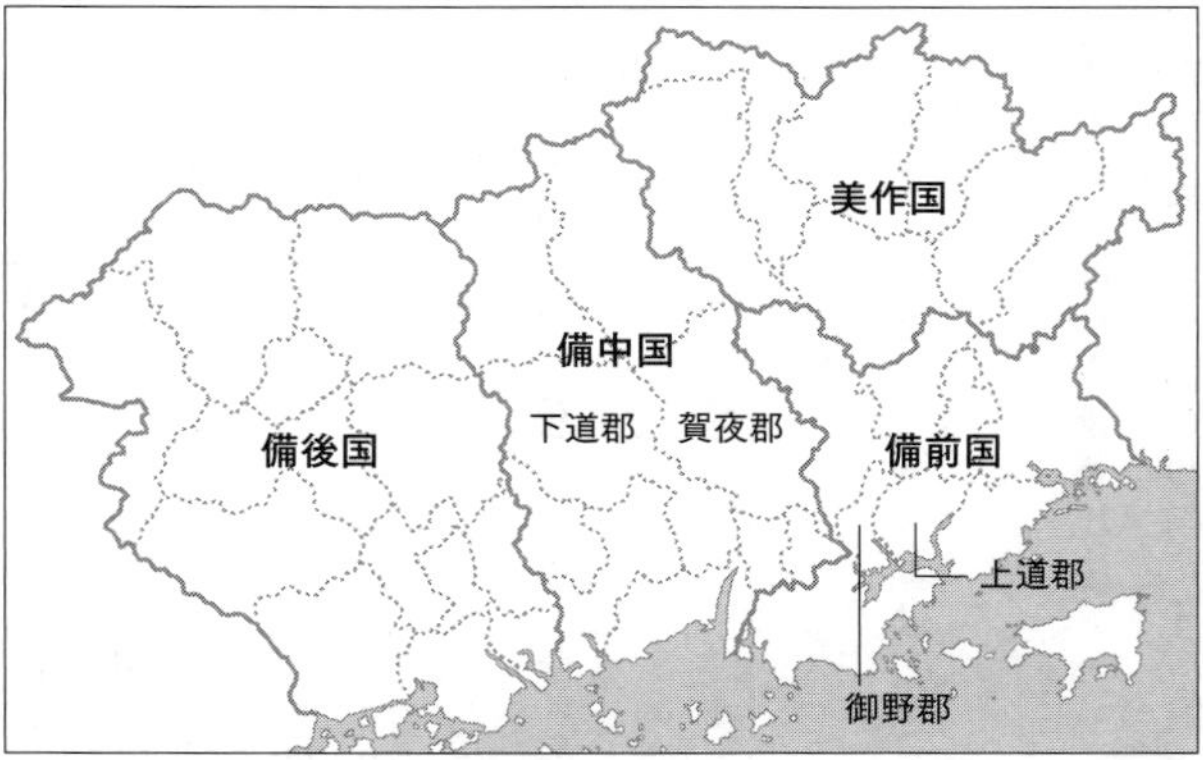

吉備国は、現在の岡山県に広島県の一部を加えた広大な国だった。地名や郡名と、豪族の名前が一致する場合、豪族の勢力範囲を考えるヒントとなる

いだろう。神の分かちあいとは、同じ信仰を持つ人たちを分割したことを示しており、吉備勢力そのものを分割したと考えられる。

先にも述べたように、吉備国には上道《かみつみち》氏、下道《しもつみち》氏をはじめとするいくつかの有力な豪族がいた。

これら豪族の名前は、郡名と同じものがあることから、氏族名と同一の名を持つ郡は、豪族の居住地を示すとみてよい。

この場合、備前国には上道郡と御《み》野《の》郡があるので、上道臣と三野臣が居住し、備中国には下道郡と賀夜《かや》郡があるので、下道臣と加夜臣が居住していたと考えられる。

分割後の国々は、その後の歴史のなかでも別々の歩みを見せる。中世以降、備前国では、備前焼や備前長船《おさふね》に代表される窯業《ようぎょう》、鍛冶《かじ》生産がさかんとなり、これらは山陽道や伊部《いんべ》の港などから、瀬戸内の水路を利用して広く流通するようになる。

また、「一遍聖絵《いっぺんひじりえ》」にも描かれた福岡市《ふくおかいち》は、西日本でも有数の市《いち》として、にぎわいを見せた。備中国でも、製鉄がさかんに行なわれるとともに、瀬戸内海の水上交通の拠点としても栄えた。なかでも、倉敷《くらしき》の港は、特に重要な港とされ、江戸時代には幕府の直轄地とされている。

蛇足《だそく》ではあるが、分割された吉備国はその後も、明治になるまでそれぞれ別の国として扱われた。明治九年（一八七六年）に備前、備中、美作の旧三国からなる岡山県の大枠《おおわく》ができあがるが、備後国は広島県に編入されている。

古墳の近くに、国府がある理由

古墳時代、それぞれの地域の王の墓は、その政治的な中心地の近くに造られた。大和王権初期の中心地と考えられる、奈良県桜井市の纏向《まきむく》遺跡の近くには、箸墓《はしはか》古墳があり、それに続く王の墓も奈良盆地の東山麓《ひがしさんろく》に沿って造られた。

他の地域でも同様であり、群馬県高崎《たかさき》市には、六世紀に造られた、周囲を堀で囲んだ一辺八六メートルの館跡《やかたあと》である三ツ寺《みつでら》遺跡付近に、この館を造った豪族の墓と考えられる保渡田《ほとだ》古墳群がある。

古墳時代の群馬県は、栃木県とともに毛野国《けぬのくに》と呼ばれ、吉備国と同様、強大な力を持っていた。保渡田古墳群は、五世紀後半から六世紀前半にかけて造られた、三基の前方後円墳を中心とした古墳群で、最初に造られた二子山《ふたごやま》古墳は全長一一一メートル、続いて造られた八幡塚《はちまんづか》古墳は同一〇二メートル、最後の薬師塚《やくしづか》古墳も同一〇〇メートルを超える。

このように、各地域の最大規模となる古墳付近には、王の館を中心とする、地域のなかでもっとも大きな町があったと考えられる。つまり、吉備国では造山古墳、作山古墳の付近に、この国の王が住む町があったと考えられる。

また、造山古墳、作山古墳の周囲には、大小合わせて約三五〇基の古墳がある。歴代の王とそれに仕えた人々の墓であろうか。

　こういった、古墳時代に地域でもっとも栄えていた場所は、律令国家が全国支配を完成させ、その支配拠点となる国府を造る場所にも選ばれた例が多い。備中国府も、吉備国の中心だった造山古墳、作山古墳に近い場所に置かれたようである。その遺構は、発掘調査では確認されていないが、現在でも北国府《きたこう》、南国府《みなみこう》といった地名に、その痕跡をとどめている。

　古代の国府は、現在の県庁に相当し、中央から派遣された国司が、中央からの指示を受け、地方採用の役人を使い、収税など地方行政を行なっていた。

　国府の周辺には、国司が住む館や役人の住居があり、その周囲には集落が広がっていた。現在の県庁所在地もそうであるように、国府の所在地は、その国でもっともにぎわっていた場所でもあった。

　また、国分寺や国分尼寺の多くも、国府の付近に建てられる場合がほとんどだった。それは、聖武天皇が国分寺の建設を命じた時に、次のように述べたためである。

「国分寺は国の華《はな》であり、必ず良い場所を選んで真に永久足《た》らんとしなくてはならない。人家《じんか》に近くて悪臭がおよぶのは良くないし、遠くては集まる人々が疲れるので良くない。国司は国分寺を厳《おごそ》かに飾るよう努め、清浄を保つように」
この詔を受けた国司たちの多くは、もっとも多くの人が住んでいた、国府の近くに国分寺と国分尼寺を造った。国分寺には当時、地方では見ることができない七重塔などの高層建築物がそびえ立ち、その周囲には朱塗《しゆぬ》りの柱に白壁、瓦《かわら》葺きの屋根といった壮麗な堂舎《どうしや》が建ち並んでいた。備中国の国分寺と国分尼寺も、やはり国府のそばに造られている。

国府の移動は、何を意味するのか

古墳時代の吉備国の中心地を、備中国に奪われた形になった備前国の国府は、どのような場所に置かれたのだろうか。備前国のなかにも、大きな古墳はいくつかある。

古墳時代のはじめ、三世紀から四世紀の巨大前方後円墳は、備中国よりも備前国に集中している。浦間茶臼山《うらまちやうすやま》古墳や、湊茶臼山《みなとちやうすやま》古墳などがその代表例で、規模や出土品の豊富さは、まさに吉備国の王の墓にふさわしい。しかし五世紀中頃に、吉備国で三番目の規模を誇る、全長約一九〇メートルの両宮山《りょうぐうざん》古墳が造られたのを最後に、吉備国における巨大前方後円墳は、備中の地に移ってしまう。

このことは、五世紀中頃に吉備国の王の都とも言うべき町が、備前地域から備中地域へ移動したことを示すと考えられる。そのため、備前国は吉備国の分割時に、新たに地域の中心となる町、つまり国府を置くべき町を探さなければならなかった。そのような事情のためか、備前国における国府、国分寺、国分尼寺のありかたは、備中国とは大きく異なっている。

備前国府の場所も、考古学的には明らかになっていない。平安時代の国府は、文献史料によれば、御野郡にあったことが知られている。そして、御野郡内の地名の考証から、岡山市中区国府市場《こくふいちば》付近が、備前国府の所在地と推定されているが、発掘調査では奈良時代にさかのぼる遺構や遺物は出土していない。

そのため、奈良時代の国府は、別の場所にあったとする見かたが強い。全国的に見れば、筑後国府のように、国府の中心となる国庁が、時代によって一定のエリア内を転々と移動している例があるなど、国府は必ずしも固定的であったとは言えない。

ただし、国庁だけでなく、国府そのものがある時期に移動している、あるいは移動が推定されている事例は、信濃《しなの》国や豊前《ぶぜん》国などいくつか認められているが、さほど多くはない。

国府の実態が必ずしも判明したとは言えない現状で、このような国府の移動理由を説明することは難しいが、総じて、古墳時代以降に地域の中心地に置かれた国府は、以後も継続して営《いとな》まれ、それ以外の場所に造られたものは、政治情勢の変化などによっては移動することがあったと考えられる。

なお、備前国分寺と国分尼寺は、両宮山古墳のすぐ近く、岡山県赤磐《あかいわ》市馬屋《まや》にある。周囲には、国府が存在した形跡が認められないことから、国府とは離れた場所に造られているらしい。

このように、古墳時代以来の地域拠点があった備中国と、それがなかった備前国とでは国府、国分寺、国分尼寺のありかたが異なっている。見かたを変えれば、備中国の国府、国分寺、国分尼寺は、古墳時代以来の地域の伝統に縛られて立地しているが、備前国はそれに縛られることなく、地域を支配するうえで効果的な場所を選び、配置することが可能だったとも言える。

つまり、備前国における国府などのありかたこそが、ある意味、律令国家が目指した地方支配の形を濃厚に示しているのである。

では、備前国の国府、国分寺、国分尼寺はなぜ、このような場所に置かれたのであろうか。それを考えるためには、そろそろ駅路に登場いただこう。

国府、国分寺の立地と駅路の関係

先ほどの図表8をもう一度、ご覧いただきたい。今度は駅路、近世山陽道、山陽自動車道に注目する。

部分的に、駅路の線が複数引かれている場所があるが、これはある時期に、駅路が付け替えられた可能性があることを示している。駅路の付け替えは、後にお話しすることとし、まずは備前・備中両国の国府、国分寺、国分尼寺の場所を、駅路との関係で見ていただきたい。

備中国の駅路は、備前国府が置かれた平野部の南端を西南西から東北東方向へ直線的に走っている。この場所には、近世山陽道も走っており、都から西国へ行くにはもっとも距離が短く、効果的な路線であった。

国分寺、国分尼寺は、山陽道駅路に面して建てられ、建物の方位も道路の走行方向と合致していることから、このふたつの寺が、山陽道駅路を基準として造られたことはまちがいない。実際、備中国分尼寺の発掘調査では、国分尼寺の南門の前をまっすぐに走る山陽道駅路が見つかっている。そして、平野の東側の出口で、吉備津神社と名越山の間を直線的に通過するよう、方位を変え、ほぼ一直線に備前国に入る。

備前国に入ってすぐの場所である吉備津彦神社の東側には、吉備の穴海が内陸部に大きく入り込んだ場所があり、この地点が、瀬戸内の水上交通と陸上交通との結節点になっていたと考えられる。

その後、山陽道駅路は、山間部を縫《ぬ》うように走るが、そこでも最短距離を通過できるよう、直線に近い形で敷設されている。そして旭川《あさひがわ》を渡り、低い峠を越えたところに備前国分寺があり、駅路を挟《はさ》んだ南側に備前国分尼寺が立地している。

このように、備前国分寺と国分尼寺は、山陽道駅路に面して造られ、聖武天皇の言う「人家に近くて悪臭がおよぶのは良くないし、遠くては集まる人々が疲れるので良くない」という条件を見事に満たしている。

また、備前・備中両国分寺が、駅路と密接なかかわりを持って造られているということは、国分寺造営以前に、駅路が敷設されていることを示している。

いっぽう、備前国のもうひとつの駅路は、途中で先の駅路から分岐し、ほぼ東西方向に走っている。備前国府は、それに面して造られていることがわかる。国府の南側には、吉備穴海が入り込んだ場所があり、そこが当時の港だと仮定すると、平安時代の備前国府は、水陸交通の要所に置かれたと見ることができる。

このように、国府や国分寺など、律令国家による地方支配のための施設の立地は、駅路との関係を見ることで、その場所に造られた理由が明確になる。

また、古墳の分布などからわかる、地域の中心となる町との関係や、港なども含めて考えると、律令国家による地方支配の方法や、地方独自の事情なども浮かび上がってくるのである。

地名から、駅家を推定する

駅路を語る際に欠くことができないのが、駅家である。

『日本後紀』大同元年（八〇六年）五月十四日条によれば、山陽道駅路に置かれた駅家は「瓦葺粉壁《がしゅうふんぺき》」とあり、白壁・瓦葺屋根からなる、豪奢な建物だったことが知られている。山陽道駅路は、都と当時の外交窓口である九州北部とを結ぶ、もっとも重要な駅路である。『延喜式』では大路とされており、駅家に置かれた馬の数も、他の駅路よりも多い。

駅家の名の多くは、地名に由来することから、古代の地名が残っている場所であれば、大まかな位置を推定することができる。『延喜式』によると、備前国には坂長《さかなが》、珂磨《かま》、高月《たかつき》、津高《つだか》の四駅、備中国には津峴《つさか》、河邊《かわべ》、小田《おだ》、後月《しちつき》の四駅があった。このうち津高、河邊、小田の三つは、現在でも地名にその名をとどめている。

津高では、駅家そのものは見つかっていないが、峠を越える駅路が発掘調査で見つかっており、その近くに駅家があると推定されている。津峴駅家は、発掘調査の結果、岡山県倉敷市の矢部《やべ》遺跡が有力な候補地と考えられている。河邊は、川辺宿《かわべじゅく》として、近世山陽道の宿駅として栄え、現在でもその街並みの一部が残っている。

この他のものは、地名は残っていないものの、備前国高月駅家の推定地付近には「馬屋《まや》」という地名があり、ここにある馬屋遺跡が高月駅家跡と推定されている。馬屋遺跡からは、平城宮から出土する瓦とよく似た文様《もんよう》の瓦も出土している。このことも、馬屋遺跡を駅家跡と考える考古学的根拠とされている。

平安時代中期に編纂された、日本最初の辞書である『和名類聚抄《わみょうるいじゅうしょう》』には、全国各地に駅家という地名があったことが記されており、平安時代には、駅家の置かれた土地を駅家と呼んでいたことがわかる。おそらく、馬屋遺跡の馬屋という地名も、この頃にさかのぼる地名であったのだろう。

駅家は、都から近い順に『延喜式』に記されていること、駅路に沿っておおむね一六キロメートルごとに造られたこと、名前が地名に由来していることから、比較的探しやすい遺跡である。

特に、山陽道駅路の駅家は、瓦葺きであったため、部分的な発掘調査でも多量の瓦が出土するため、認定しやすい。しかし、瓦を葺かなかった山陽道以外の駅家は、なかなか認定が難しい。それというのも、駅路の沿線には、駅家以外の公的施設も置かれたからである。

その代表的なものが郡衙である。駅路が通過する郡の役所の多くは、駅路に面して造られており、なかには駅家と近接して造られた事例も多い。国府が規模や建物配置など、各国に共通する要素を強く見せるのに対し、郡衙は個性的であり、郡ごとに規模や空間構造、建物配置などが異なる。

とはいえ、当時の一般集落のほとんどが、竪穴《たてあな》建物と小規模な掘立柱《ほったてばしら》建物からなるのに対し、郡衙の中心部は塀や堀で区画され、そのなかに大規模な掘立柱建物が建てられていた。また、中心部の区画とは別に、掘立柱や礎石建ちの倉庫群もあった。

このような郡衙の特徴は、公的な使者のために設けられた駅家とも共通するものであり、部分的に発掘されただけでは、両者の識別が困難な場合がある。

さらに、郡衙のなかには、倉など郡衙を構成する施設の一部を分離させて、駅路沿線に配置する例もある。平安時代には、倉の一部の駅路沿線への設置が増加した。こうした倉は正倉別院《しょうそうべついん》と呼ばれ、納められた稲の輸送の便宜《べんぎ》を図ったと考えられる。

このように、駅路沿線には、さまざまな役所が置かれており、その構造も似通っていたと推定される。そのため、地名という位置を推定する有力な情報がありながらも、『延喜式』に現われる四〇二の駅家の多くが、いまだに特定されていない。

駅路沿線にさまざまな公的施設が置かれていたことは、駅路の利用を考えるうえで重要であるが、反面、個々の遺跡の性格を特定しにくいという悩ましさもつきまとうのである。

地図から、条里地割《じょうりじわ》りを読み取る

古代に行なわれた土地区画である条里地割りは、一九七〇年代半《なか》ばまで全国各地で見られたが、農地の市街化や耕地整理事業などで、その姿を失いつつある。しかし幸《さいわ》いなことに、古い地図や、戦後に米軍が撮影した航空写真などから、復元することができる。

備前・備中両国でも、部分的ではあるが、数カ所で条里地割りを確認でき、駅路の沿線では、駅路の方向と合致することも確認できる。河邊駅家の推定地付近や備中国分寺付近、備前国府付近では、山陽道駅路と直交する地割りが今なお残っており、駅路を基準として土地を均等に分割していたことがうかがわれる。

また、条里は一辺約一〇九メートルの正方形の地割りであるが、地表に残る地割りをていねいに見ていくと、一〇九メートルの半分にも満たない細長い地割りが連続していたり、長辺が一二〇メートルを超える長方形の水田が並んでいる部分がある。これらは条里余剰帯《よじょうたい》と呼ばれ、駅路の痕跡と考えられている。

これは、条里を施工する際に、道路の道幅の中央からそれぞれ一〇九メートルを測ったのではなく、道路の両側溝に沿ってそれぞれ道路の両側の土地を区画したために、道路跡を含む水田だけが、長方形となったのである。

写真12は、一九四七年に米軍が撮影した河邊駅家付近の航空写真に、条里地割りを書き込んだものである。ここには、整然と並ぶ条里地割りとともに、長方形の水田が連続している部分が写っている。周辺の水田より、南北辺が十数メートル長い水田の南端部分こそ、山陽道駅路の痕跡である。

これは、条里が施工される前に駅路が存在したことを裏づけるものであるが、で

写真12 水田からわかる駅路の痕跡

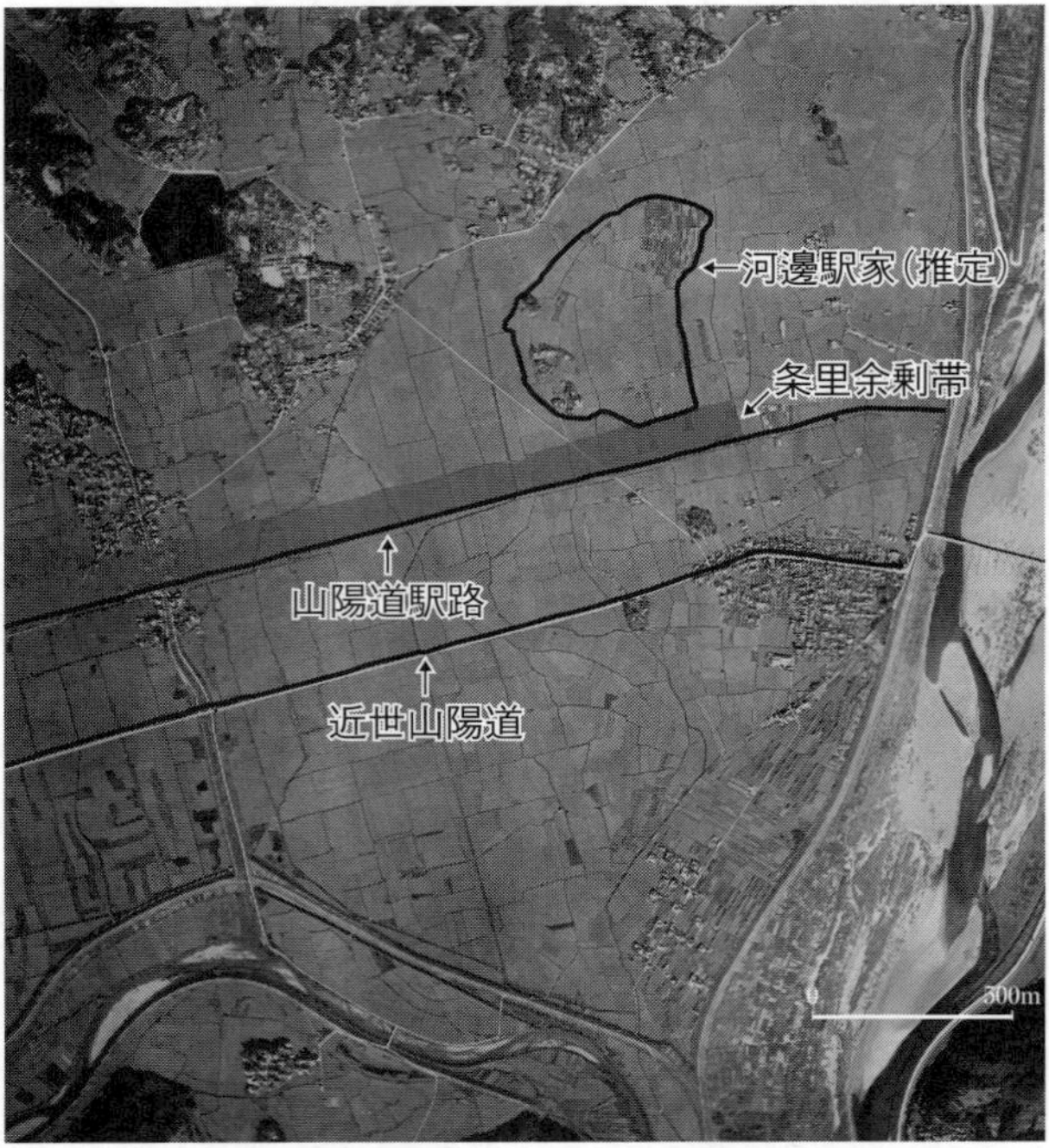

駅路と条里との密接な関係がわかる地割りが、各地に残っているが、この場所もそのうちのひとつ。駅路の通過していた場所の水田だけが、周囲の水田よりも細長いことがわかる　　(写真／日本地図センター)

は、駅路の敷設と条里の施工との時期差は、どれくらいだろうか。そのことを知るうえで、参考になるのは、図表11で示した静岡平野の事例である。

図表11　静岡平野の条里

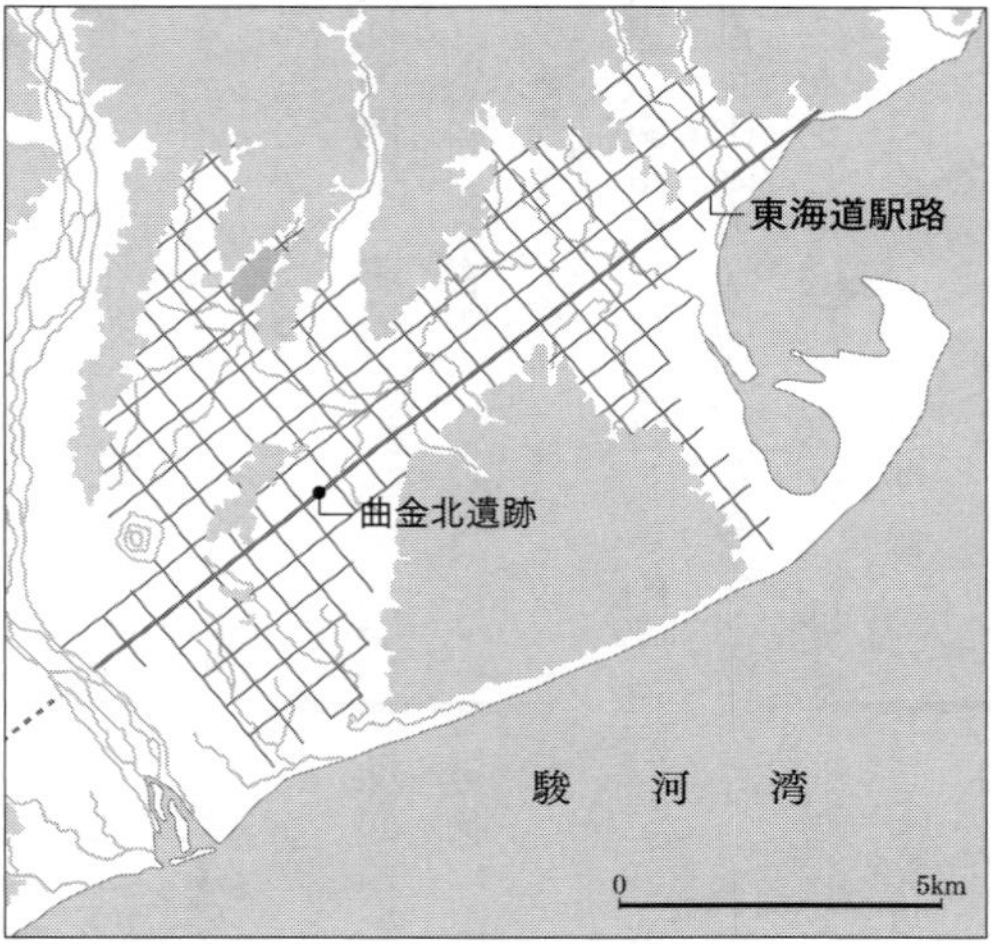

静岡平野各所で行なわれた発掘調査の結果、この地域における条里の施工は、八世紀前半と考えられている。

その基準線となった東海道駅路（写真13）も、発掘調査で見つかっており、八世紀前半に造られた可能性が高いことが指摘されているが、実は道路の時期を決定するのは難しく、なかなか断定できない。

したがって厳密に言えば、東海道駅路は、条里地割りの基準線となっていることから、八世紀前半以前に造られたということまでしか言えない。しかし、静岡平野全体を見渡し、東海道駅路と条里との関係を見ると、駅路の走行方向が静岡平野を一辺一〇九メートルの正方形に分割する際に、もっとも効果的な場所を通過していることがわかる。

同様の例は、讃岐平野など、広い耕地面積を確保できる平野部でも認められることから、少なくとも駅路建設時には、条里制による土地区画も計画されていた可能性が高いのである。

河邊駅家付近で確認される山陽道駅路も、近世山陽道と走行方向こそ同一であるが、近世山陽道が川辺宿がある河岸段丘《かがんだんきゅう》の上を走っているのに対し、山陽道駅路は、あえて安定した段丘を避け、低地部を通過している。

また、図表8でもわかるように、下道氏墓のあたりからそのまま、まっすぐに駅路を伸ばせば、近世山陽道と同じ場所を通過するにもかかわらず、あえて斜行させ、土地の低い場所を通過するようにしている。これは、低地部に造られた水田と駅路とが、密接なかかわりを持っていることを裏づけている。

写真13 JR 東海道線近くの東海道駅路(曲金北遺跡)

低地部に盛土をして造られた駅路。両側溝は、周囲の水田の用水路も兼ねていたと考えられるなど、道路と条里水田との一体性を知ることができる好例である

(写真／静岡県埋蔵文化財センター)

また、条里地割りのなかを通過する駅路にも、条里余剰帯が確認されない事例もある。鳥取県鳥取市の青谷上寺地《あおやかみじち》遺跡で発掘された山陰道駅路も、そのひとつであり、こうした条里余剰帯が認められない地域では、まず土地を一〇九メートル四方に分割した後に、しかるべきラインに沿って駅路を敷設したと考えられる。

これらの事例の存在も併せて考えれば、先述のとおり、駅路は条里制の施行と一体のものとして計画され、敷設されたと見てよかろう。そしてそのことは、古代における道路建設が、条里制という土地区画事業と一体の政策として企画され、実行されたことを示しており、古代駅路の敷設時期だけでなく、その目的を知るうえで重要なヒントを示してくれる。

こういったことも、地図からはっきりと読み取ることができるのである。

駅路と古代山城《さんじょう》

駅路の成立事情を、白村江の戦いの敗戦を受けた、国防政策の一環とする見かたがある。このことについては、先ほど、当時の日本の軍隊の編成方法から見て、考えにくいと述べた。ただし、古代山城については、その立地を駅路との関係で説明する見かたもあるので、駅路と山城との関係について述べておきたい。

『日本書紀』に現われる城の他にも、瀬戸内沿岸地域には、古代に造られた山城が存在する。これらは総じて、瀬戸内海を見下ろすことができる山地に立地し、その眼下《がんか》には駅路が通過しているものもある。

山陽道には、西から石城山城《いわきさんじょう》（現在の山口県光市《ひかり》）、鬼ノ城《きのじょう》（岡山県総社市）、大廻《おおめぐり》・小廻城《こめぐりじょう》（同岡山市）、城ノ山城《きのやまじょう》（兵庫県たつの市）がある。『日本書紀』と『続日本紀』の記載から、この他にも長門国に長門城《ながとのき》、備後国に茨城《いばらき》、常城《つねき》があったことが知られる。また、瀬戸内海を挟んだ南海道の四国側には、西から永納山城《えいのうさんじょう》（愛媛県西条市《さいじょう》）、城山城《きやまじょう》（香川県坂出市《さかいで》）、屋嶋城（同高松市《たかまつ》）がある。

研究者のなかには、これら古代山城と駅路との間に密接な関連性を認め、白村江の敗戦後の天智政権が、軍用道路として、駅路を造ったとする方もいる。

しかし、最新の研究成果によると、これらの山城のうち、『日本書紀』天智紀に見える金田城、大野城、基肄城《きいじょう》、高安城、屋嶋城以外のものは、天武天皇の時代にな

図表12　大宰府周辺の駅路と山城

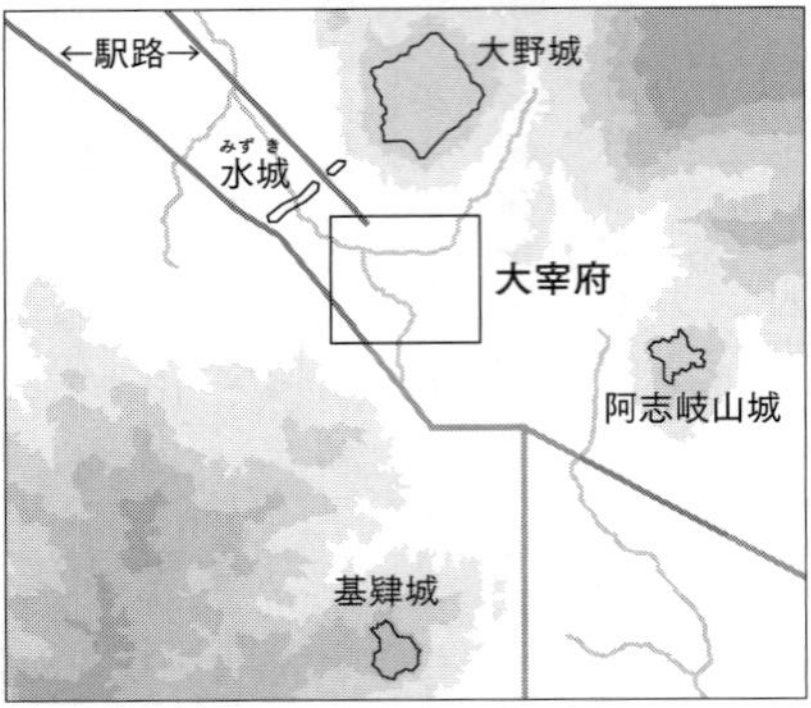

これらの山城が造られてしばらくしてから、駅路が造られたと私は考えている。発掘調査から、8世紀はじめに駅路の整備がなされた可能性が指摘されている

ってから造られた可能性が高いと評価されるなど、山城＝天智朝の国防政策という前提そのものが成立しなくなってきた。

また、必ずしもこれらの城の付近を、駅路が通過するとは限らない。

大宰府周辺にある大野城、基肄城、阿志岐山城《あしきさんじょう》は、明らかに大宰府を取り囲むように分布しており（図表12）、無理に駅路との関係を探す必要はなさそうである。

石城山城に至っては、周防灘《すおうなだ》から四・五キロメートル程度内陸に入った場所にあり、駅路はそこからいくつかの山を越え、さらに四キロメートル程度、内陸を通過している。

写真14　鬼ノ城

高く積み上げられた石垣は、近接する中世の城跡よりも高い。中世の人々がこの石垣を見て、鬼の所業と考え、鬼ノ城と呼んだのも無理なかろう。しかし、不思議なことに、『日本書紀』には、この城に関する記録がひとつもない

備中国にある鬼ノ城（写真14）は標高約四〇〇メートルの急峻《きゅうしゅん》な山中にある。

眼下には、山陽道駅路が通過する備中国府のある平野部が広がるが、山陽道駅路とは八キロメートルほど離れており、この城の立地を、山陽道駅路との関係で積極的に説明する理由は見あたらない。

このように古代山城は、駅路の性格や敷設目的を考えるうえで、注目される遺跡ではあるものの、地図を素直に見る限り、両者の間を結び付ける根拠は乏《とぼ》しいように思われる。

もちろん、駅路が敷設された後も、山城の多くは機能していただろうから、駅路から山城に向かう道路が存在したのは事実であろう。

しかし、そのことと駅路敷設の目的の話は、ひとまずは切り離して考えるほうがよいと思われる。

ふたつの駅路が存在する理由

先ほど、備前国には山陽道駅路と考えられるふたつの道路跡が存在することを述べた。ここで、なぜふたつの駅路が存在するのか、その理由について述べたい。

駅路を発掘調査すると、しばしば、ある時期に駅路の幅を従来の半分程度に縮小している事例に出会《でくわ》すことがある。駅路の幅を半減させた時期は、おおむね共通しており、八世紀後半から九世紀前半にかけてである。どうやら、この時期に全国規模で駅路が改造されたようである。

なかには、この時期にそれまでの駅路を廃止し、新しく付け替えた事例も認められる。そのことが発掘調査で確かめられた代表的な例が、群馬県内の東山道駅路である。

群馬県は、先にも述べたように、かつて栃木県とともに毛野国と呼ばれており、東国のなかでは、もっとも強い勢力を誇っていた。毛野国は、古墳時代のある時期に、上・下二カ国に分けられたようで、現在の群馬県は上毛野《かみつけの》国と呼ばれ、上毛野氏が勢力を誇り、栃木県域は下毛野《しもつけの》国となり、下毛野氏が勢力を誇った。

律令期になると、このふたつの国はそれぞれ上野《こうずけ》国、下野《しもつけ》国となる。古墳時代に強大な力を誇っていたこと、国が分割されたことなど、吉備国とよく似ている。

では、その地図をご覧いただこう。地図の作成にあたっては、備前国、備中国の地図と同様、二万五〇〇〇分の一の地形図をつなぎあわせ、そこから地形を読み取り、道路跡が発掘された地点や、国府、国分寺、郡衙、古墳などの情報を入れ込んでみた(図表13)。

駅路を示す線が三本あるのは、この地域で、時期の異なる三つの東山道駅路が見つかっていることを示している。最初の駅路は、三本の線のうち南を通る線である。ご覧のとおり、旧利根川《とねがわ》の線を挟んで、二本の直線で表現できるほど、まっすぐな道路

図表13　群馬県内の東山道駅路

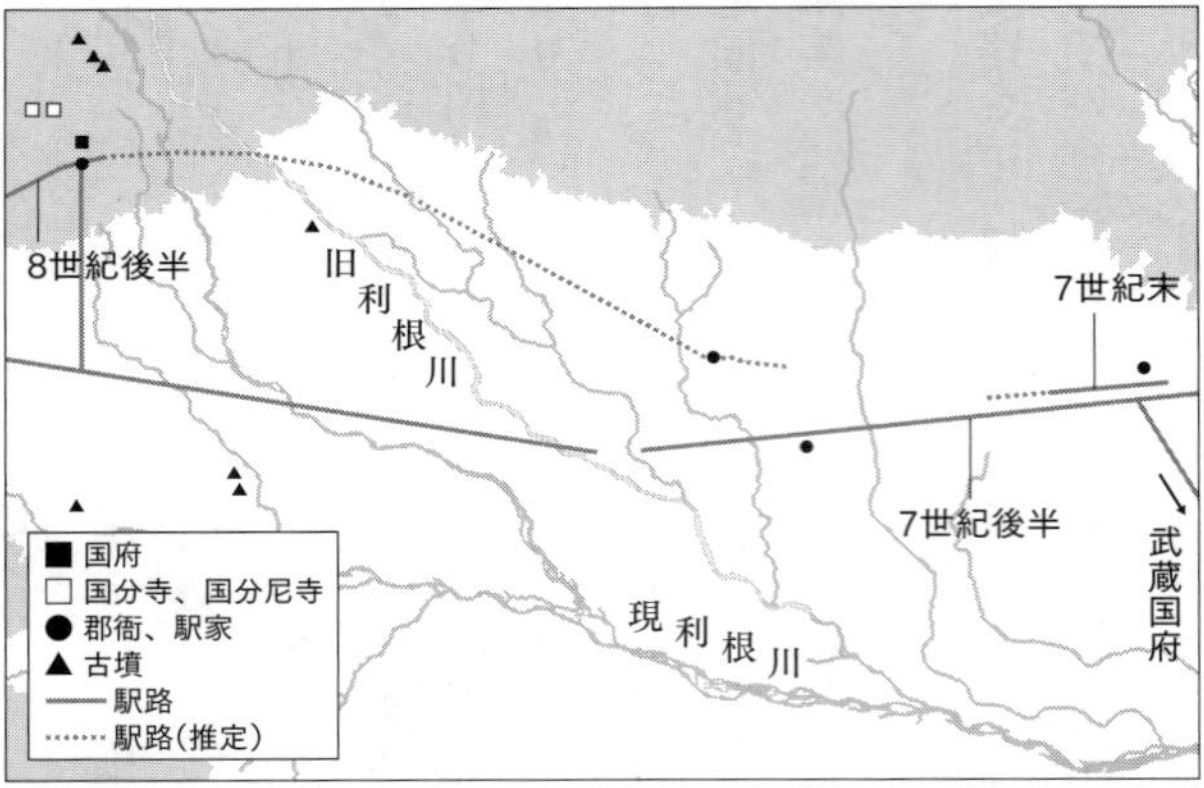

で、幅は約十メートルである。

また、旧利根川以西の道路は、浅間山《あさまやま》を目印に敷設されたようで、道路の中央に立って西を見ると、山頂を道路の延長上に見ることができる（写真15）。

発掘調査では、この路線は七世紀後半に造られた可能性が示されている。

ちなみに、発掘調査で七世紀後半の可能性が示された駅路の例は、ここだけであり、他は古くとも七世紀末以降である。

七世紀末に造られたと考えられる東山道駅路は、部分的に見つかっているだけで、その全体像は把握できないが、太田市にある新田郡衙の付近では、先の駅路の北五〇

写真15　東山道駅路から浅間山を望む

駅路の向かう先に、ひときわ高い浅間山の頂が見える。この付近では、浅間山を目印として駅路を造ったことがうかがわれる　（写真／群馬県佐波郡玉村町教育委員会）

○メートルの地点を平行して走る路線と、群庁のほぼ正面で、南へ向けて分岐する幅十二メートルの駅路が見つかっている。

分岐する駅路は、武蔵《むさし》国府（現在の東京都府中市）に向かう東山道駅路であり、第一章で紹介した国分寺市で発掘された駅路につながる。

なお、国分寺市で発掘された駅路の一部は、国の史跡にも指定され、発掘調査時の姿が部分的に復元されている。

武蔵国は宝亀《ほうき》二年（七七一年）に東海道に編入されるまで、東山道に属していた。そのため、平城京から武蔵国へ向かう正式ルートは、東山道駅路を通り、現在の太田市から南下し、府中市にある武蔵国府へ向かうルートが採られていたのである。

上野国の国府は、最初の駅路とは離れた場所に立地している。国府と駅路は、国府正面から南下する直線道路で結ばれていたようであるが、その距離は、約五キロメートルにもおよんでいる。国府が置かれた場所は、保渡田古墳群がある、古墳時代のこの地域の中心的な場所であり、国分寺と国分尼寺もこの付近にある。つまり、最初の駅路は、地域の中心となる場所をまったく無視して造られたということになる。

この理由のひとつは、武蔵国との連絡ということもあるだろうが、それ以上に、国府が置かれた場所を通ると、そこから下野国に向かうためには、かなり迂回《うかい》しなければならないことに原因がある。何よりも、まっすぐに進むことや、都と地方とをできるだけ最短距離で結ぶ、という駅路敷設のコンセプトからして、あえて国府の場所を無視して造られたと考えられる。

ところが、八世紀後半になると、先の路線が廃止され、国府を通過するように東山道駅路が付け替えられている。これは、武蔵国が東海道に編入されたことによるものだろうが、下野国との連絡が不便になることも必定《ひつじょう》である。また、駅路を付け替えるということは、単なる道路建設にとどまらず、駅家をはじめとする沿線施設も同時に移動させなければならない。

大がかりな工事を伴いながらも、あえて駅路の付け替えを断行したのは、何らかの政治的な理由があったと考えられる。その事情については、後に考えていくが、少なくとも地方を無視した路線から、地方の事情を汲《く》み取った路線に変化したと言うことができる。

付け替えられた東山道駅路は、幅約六メートルと以前の半分になっている。駅路そのものを付け替えた事例は、さほど多くはないが、こうした道幅の縮小は、ほぼ同時期に、全国の駅路で確認されている。

先にも述べたように、道路の維持・管理は、通過する国の国司の手に委ねられ、さらに国司から郡司へと委ねられていた。つまり、管理は沿線住民が行なっており、幅が半減するということは、住民の負担の軽減につながるのである。このように、駅路は、八世紀後半から九世紀前半を境に、地方へも配慮した道路に生まれ変わったと考えられ、そのことが一部の地域では、路線の付け替えという形で現われたのだろう。

駅路が複数存在する地域では、これらを視野に入れて、通過する場所や沿線の遺跡を検討することで、駅路の変遷を読み解くことができる。

ただし、駅路以外にも、当時、それぞれの地方拠点どうしを結ぶ伝路という道路や、上野国の最初の駅路と国府とを結ぶ道路など、駅路とよく似た特徴を持つ道路もあり、複数認められる道路痕跡のすべてが、駅路であるとは限らないことは注意を要する。

先に見た、備前国の駅路についても、国府の前を通過する駅路を最初の駅路と考え、国分寺の前を通る道路は付け替えられた駅路という見かたもあるが、後者を駅路から分岐し、国府へ向かう駅路とは別の連絡路とする見かたも可能である。

駅路と高速道路が似る理由

再び134、135ページの図表8にお戻りいただきたい。ここでは、駅路の特徴をより際《きわ》立《だ》たせるために、近世山陽道と現在の山陽自動車道との比較を行なってみたい。

……で示したのが近世山陽道である。駅路が直線であるのに対し、近世山陽道は地形に沿ってゆるやかに蛇行していることがわかる。特に、山陽道駅路と近世山陽道がともに通過する備前国分寺周辺では、両者の違いがよく出ており、直線である山陽道駅路に対し、近世山陽道は山裾に沿って蛇行している。

また、近世山陽道は岡山城下を通るために、大きく迂回していることがわかる。このことは、先に上野国の事例で見たように、駅路がまっすぐ進むことにとことんこだわり、場合によっては、地域の拠点をまったく無視していることと対照的である。

備前国内に入ると、駅路は基本的に内陸部を通るのに対し、近世山陽道は、それよりも海岸に近い場所を通過している。これは、備前焼で有名な備前市内を通過するためであり、備前焼の積み出し港である伊部港を経由するよう造られている。

すなわち、近世山陽道が地域拠点・流通拠点である港を経由するとともに、地盤が安定した場所を選んでいるのに対し、駅路はそれらすべてを無視して直線的に造られていることに、両者の最大の違いがある。

――で示したのが、現在の山陽自動車道である。

山陽自動車道は、倉敷市にある水島《みずしま》臨海工業地帯とのアクセスに配慮したため、総

図表14　駅路と高速道路の類似

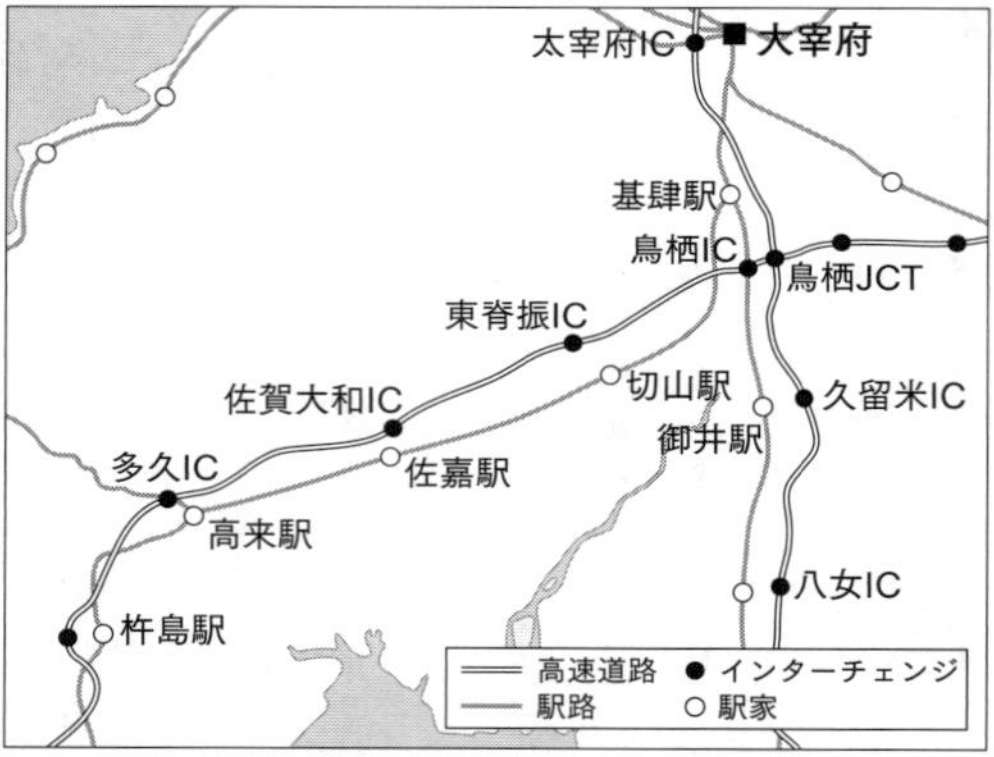

駅路と高速道路だけでなく、駅家とインターチェンジの場所までが、ほぼ合致している

（武部健一著『道Ｉ』より）

社市付近で路線を南に大きく変えているが、それ以外の路線は、山陽道駅路と似たような場所を通過する。

類似区間における両者の違いは、山陽自動車道がトンネルで山間部を通過する点のみである。

駅路と高速道路との類似は、九州において、より顕著に認められており、特に佐賀県内では、両者は路線のみならず、駅家とインターチェンジの位置までもが似通っている（図表14）。

高速道路建設に伴う発掘調査で、駅路の跡が見つかったという事例も多く、両者の類似は、単なる偶然と片づけるわけにはいかない。

すでに武部健一《たけべけんいち》氏（道路文化研究所理事長）が指摘しているように、駅路とは、都と地方を最短距離で結ぶよう設計されており、高速道路も同様の主旨で計画されている。

両者の設計思想が類似していることと、国土の地理的な制約が相まって、このような類似が生じたと考えられる。

今から約一三〇〇年前に、すでに、現在の高速道路と同様の思想で、道路建設が行なわれていたことも驚きだが、その思想がその後受け継がれることなく断絶したことは、日本という国の歴史を考えるうえでも興味深い。

第六章　現代によみがえった景観

山と谷を抜けて

ここでは、これまで復元してきた古代・備中国の景観のなかを旅してみよう。出発点は、備中国の河邊駅家の西、下道氏墓があるあたりから、目指すは備前との国境。せっかく、古代の景観を再現するのだから、この道を旅した古代の人の気持ちになって、進めていきたい。

ここは、小田川《おだがわ》に沿った狭《せま》い谷筋。山陽道駅路の右手には小田川が流れ、左手には山の斜面が迫《せま》っている。幅十二メートルもある駅路は、窮屈《きゅうくつ》そうに、この谷筋を走り抜けている。

ここまで来る間、ほとんど集落を見かけることはなかった。ただひたすら、まっすぐな道を黙々と歩いてきただけである。

しかし、東へ進むにつれ、視界が次第に開け、目の前には整然と区画された水田が広がり、その先には河邊駅家の瓦葺き屋根が見えてきた。駅路の側溝は水をたたえ、その水は周囲の水田を潤《うるお》している。

駅路には、ところどころに小さな橋がかかり、その下には、左手の水路から右手の水田へ水を引き込むための用水路が流れている。水田は、駅路に直交《ちょっこう》するように行儀よく並んでおり、よく見れば、どの水田もほぼ同じ大きさである。

この道を造る工事は、周囲の土地を正方形の水田にする工事と、同時に行なわれたらしい。側溝は、水田に水を引く水路として設計されたそうで、なるほど巧《うま》く機能している。

高梁川《たかはしがわ》の手前まで来ると、河邊駅家の門が見えてくる。瓦が葺かれた立派な築地塀に囲まれた範囲はかなり広く、塀越しにかろうじて何棟か、瓦葺きや板葺きの建物が見えるだけで、なかの様子はよくわからない。

この駅家には、外国からの使節も泊まるとのことで、最初は板塀、板葺きの建物だったものを瓦葺き、朱塗りの柱、白壁の建物に建て替えたそうだ。

駅家のまわりにも倉庫とおぼしきたくさんの建物がある。駅家の経営は、この倉に納められた米によってまかなわれているそうで、近くには駅家が所有する水田と、その水田を耕す人たちの村がある。

駅家の北方に、小さな集落が見える。駅家で働く人たちが住んでいるという。この駅家には、二〇匹もの馬がいるそうで、その世話だけでも一《ひと》苦労だろう。

国分寺を仰《あお》ぎ見る

河邊駅家を越え、高梁川の河原に立つと、左手前方の山頂付近が白く光っているように見える。道行く人に、あれは何かと尋《たず》ねると、備中国の人たちが天皇の命令を受けて造った城だという。何やら、高い山の上から睨《にら》まれているようで、気味が悪い。

高梁川を渡り、まっすぐな道をひたすら進むと、小さな峠がある。この上に立つと、今まで見たことがない光景が、目の前に広がった。

道の先には、国分寺の塔が見える。塔までの距離は、まだ四キロメートルはあろうか。しかし、ここからわかるくらいだから、よほど巨大な塔なのだろう。

左手前方に目を移すと、遠くに、巨大な町が広がっている。手前の丘陵の陰に隠れて全体を見ることはできないが、しばらく進み、かつての吉備国の王の墓である、作山古墳を過ぎると、その全貌が見えてきた。

町の様子を見てみたいと思い、いったん道を離れ、南の高台に登って町を見渡すと、町の中心には白壁、瓦葺きの塀で囲まれた長辺一〇〇メートルはあろうかと思われる長方形の土地が見える。さらに、この土地の中央から駅路に向けてまっすぐに伸びる幅の広い道路も見える。

目を凝《こ》らすと、塀の内側に瓦葺きで朱塗りの柱、白壁の大きな建物が見える。この建物の両側には、細長い建物が対峙《たいじ》している。

これらの建物は、先の建物よりもやや低いものの、やはり土地を一段高くした上に造られているようである。この場所が、備中国府の中心となる国庁という施設だそうである。

国庁の近くにも、塀で囲まれた一辺六〇～七〇メートルはあろうかという、大きな屋敷地が見える。塀で囲まれた土地は広いものの、建物の数は多くなく、壁は板塀で、屋根に瓦は葺いていない。

どうやら屋敷のなかには、大きな庭があるようである。ここには、都から来た国司が住んでいるそうだ。

これらの建物以外にも、たくさんの建物が見える。なかでも、倉と思われる建物の数は多く、そのまわりには、忙しそうに働いている大勢の人の姿が見える。

別の場所には細長い建物が数棟、整然と並んでいる。驚くべきことは、これらの建物は、すべて方位をそろえて整然と配置されていることである。この町が計画的に造られたことがわかる。

遠くには、いくつかの集落が見える。国府で働く人の村らしい。

王の墓が並ぶ道

しばらく進むと、国分寺の門の前に着いた。国分寺は、近づくほどその巨大さを実感する。階段を上らないとよくわからないが、道に面して造られた門のむこう側に、巨大な金堂《こんどう》の屋根がかすかに見えた。

国分寺を過ぎてしばらくすると、国分尼寺の門前にさしかかった。尾根が細く造られているためか、国分寺にくらべて何やら窮屈そうな感じを受ける。

門前の道は、切通しとなっている。振り返ると、今まで通ってきた道が白い線を引いたように、まっすぐに伸びているのが見えた。

国分寺と国分尼寺の間には、小高い塚があり、聞いたところでは、作山古墳に葬《ほうむ》られた王から、四〜五代後の王の墓だという。国分寺は、天皇の命で造ったというが、その時にこっそりと、この墓も祀ることにしたそうだ。

国分尼寺を過ぎると、左手に造山古墳が見えてきた。作山古墳といい、この古墳といい、この道の沿線には、吉備国の王の墓が並んでいる。まるで、吉備国の栄光の歴史を辿《たど》っているような感覚におそわれる。

港が見える遠景

道は次第に傾斜を増す。道がまっすぐなので、この勾配《こうばい》は意外と足にくる。峠を登りきると、右手に吉備の穴海が、そして正面には、備中国でもっとも東にある津峴駅家が見えてきた。

その周囲には、水田が広がっているが、土地が低いためか、見るからに湿気《しっけ》が多そうだ。また、ところどころに葦《よし》が生《お》い茂《しげ》っているところもある。駅路も途中から盛り土をして造っているようで、土手の上を走っている部分も遠望できる。

低地へと下りきると、進行方向には吉備中山がそびえている（写真16）。この山には吉備国の神がいる。国家の命によって、この山を境に備前国と備中国とに分けられてしまったが、麓には、それぞれの国によって改めて祀られた神の社《やしろ》がある。社のそばまで来ると、港が見えた。沖には大きな船が見え、そこから小舟に荷物を積み替え、この港と往来しているようである。また、神社へ参拝に向かう人々もあり、このあたりは活気にあふれている。

備中国分尼寺を通り過ぎたあたりから、沿線の景色はやや寂《さび》しい感を受けていたが、ここでは再び、町のにぎわいを見ることができた。道もきれいに掃《は》き清められており、活気とともに、神のいる場所へ向かう清浄さも保っている。

国境に辿《たど》り着く

ようやく、備前国との国境に辿り着いた。備前国側でも、同じようなにぎわいを見せており、この場所に両国の国境があるとは、にわかに信じがたいほど似通った光景

写真16　現在の山陽道駅路跡

山陽道駅路が吉備中山と名越山の間を目指して走っていることがよくわかる

が広がっている。

目の前には、まだまだ道がまっすぐに伸びている。こんなに大きな道を、しかもまっすぐに造った国の力は感じるものの、はてしなく続く直線道路は、よけいに都との距離を感じさせられる。

これからも、沿線には見慣れぬ景色が広がっているだろうが、はたして、都に辿り着けるだろうか。

そして、この道を無事に帰ってくることができるだろうか。進むにつれ、不安は大きくなる。

以上、想像を交《まじ》えて、備中国内の駅路からの景観を再現してみた。まっすぐに走る駅路。それを基準に広がる町や条里地割り。古代の人々が、今までに見たことのない光景が、国家の力によって創出されたのである。

そして、このような新たな景観の骨格となったのが、まさに駅路であり、駅路の評価は、単に道路だけにはとどまらないことを、お伝えできただろうか。

第七章　古代道路の見つけかた

史料から探す

ここまでお話ししてきたように、駅路の痕跡は、全国各地にさまざまな形で残っている。四章でも触れたが、駅家はもちろんのこと、国府や国分寺の場所は、その復元の大きなヒントとなるし、条里地割りを細かく観察することで、駅路の幅までわかることもある。

ここでは、もうすこしくわしく、駅路をはじめとする古代道路の探しかたについて紹介したい。

まず大事なことは、文献などの史料を読み、古代の人々の移動経路を探ることである。たとえば、『日本書紀』などには、天皇の行幸の記事や軍隊の移動に関する記事など、古代の人々がどこを通って、どこへ向かったかという記事がたくさん残されている。

また、歌人として名高い、紀貫之《きのつらゆき》の『土佐日記《とさにっき》』などの旅日記には道中、どこをどう通って、どこに泊まったかまで克明《こくめい》に記されていることが多い。

こういった記事から、旅の行程を読み取り、地名や遺跡を検討することで、移動経路を復元するのである。やや遠回しな言いかたになったが、極論すれば、現在の小学生の遠足の日記などを思い浮かべていただければよい。

たとえば、東京都杉並区立高井戸《たかいど》小学校の児童が、高尾山《たかおさん》に電車で遠足に行ったとする。おそらく、多くの子どもたちが、朝何時に学校に集合して、京王線・高井戸駅から電車に乗ったこと、明大前《めいだいまえ》駅で乗り換えて、高尾山口《たかおさんぐち》駅で降り、そこから登山したことや、弁当をどこで食べたかなどを日記に書くだろう。

東京の地理に不案内の方は、イメージがわきにくいかもしれないが、少なくとも、高井戸駅―明大前駅―高尾山口駅という交通路が存在したことがわかるだろう。

これらの交通路が廃絶し、この作文だけが残ったと仮定しよう。未来の研究者は、小学校という施設はどれくらいの大きさで、どんな建物があったかを史料と発掘調査から想定するとともに、地名の検討から高井戸とはどこか、高井戸小学校とはどの遺跡かを割り出すだろう。

それらが特定できれば、その付近に高井戸駅という遺跡があると想定する。高井戸駅の遺跡が確認できれば、小学生の日記を手がかりに、高井戸駅から伸びる線路の先には明大前駅があり、「乗り換えた」という言葉から、明大前駅には異なる方向へ向かう、二本以上の線路があると推定する。そういった駅の遺跡が見つかれば、そこが明大前駅であり、その先に高尾山口駅がある可能性が高いと推察する。

また、小学生が「明大前駅のホームに入ってきた電車は満員だった」と書いていれば、明大前駅は始発駅ではないことがわかり、「高尾山口駅で、お客さんが全員降りた」と書いていれば、そこが終点だったこともわかる。

移動にかかった時間、車中の風景、途中の駅の名前など、情報が増えれば増えるほど、路線復元の精度は高まる。

このように、史料を難しく読まなくとも、そのなかから必要な情報だけを抽出《ちゆうしゆつ》していけば、復元の有効な手がかりとなるのである。

では、史料から道路を復元した具体例を挙げよう。

雷を捕《つか》まえた男の話

先にも紹介した仏教説話集『日本霊異記』の最初の話は、「雷《いかづち》を捉《とら》へし縁《えにし》」という何とも不思議な話である。

時は、雄略天皇の時代。その家臣に、少子部栖軽《ちいさこべのすがる》という男がいた。余談になるが、私は、栖軽という人物が好きである。

『日本書紀』には、雄略天皇が、養蚕《ようさん》を行なうために蚕《かいこ》を集めてくるよう命じたのに、栖軽は誤って嬰児《えいじ》を集めてきた、という話がある。蚕も、嬰児も「コ」と発音するから勘違いしたようである。天皇は大笑いして、栖軽にその子らを育てるよう命じたことから、「チイサコベ」を名乗るようになったという。これ以外にも、天皇の命を受け三輪山《みわやま》の神である大蛇《だいじや》を捕《と》らえてきたというエピソードもある。

私のイメージする栖軽の人柄は、気は優しくて力持ち、まじめで忠誠心旺盛だが、どこか抜けているところがあり、そこが何ともユーモラスで、周囲の笑いを誘うというもの。霊異記に見える栖軽も、そのような人物である。

ある日、栖軽は、天皇と皇后が同衾《どうきん》している時に、そうとは知らずに誤って参入してしまった。天皇は、よほど気まずかったのか、照れ隠しと腹いせに、その時たまたま鳴った雷を連れてくるよう、栖軽に命じた。まじめで忠実な栖軽は、すぐさま合戦に挑《いど》むかのような勇ましい姿に着替え、雷が落ちたほうへ向かった。

栖軽は赤い鉢巻《はちまき》をして、矛《ほこ》に赤い旗を付け、馬に乗り、磐余宮《いわれのみや》を飛び出した。そして、阿倍山田の前の道、豊浦寺《とゆらでら》の前の道を通り、軽衢《かるのちまた》へ向かい、雷に向かって大声で叫んだ。「天《あま》の鳴神《なるかみ》よ、天皇がお呼びであるぞ」と。

そこから、元来た道を引き返したところ、ちょうど豊浦寺と飯岡《いいおか》との中間の場所に雷が落ちた。栖軽は、みごと雷を捕らえ、天皇の元へ連れて行ったが、天皇は光る雷を恐れ、落ちた場所に返させた。

この場所が、奈良県高市郡明日香村雷《いかつち》に存在する雷丘《いかづちのおか》である。栖軽が死んだ時、天皇はその墓を雷丘に造り、「雷を捕らえた栖軽の墓」と記した柱を建てた。これを見た雷は怒り、この柱を破壊しようとしたが、逆に柱にはさまってしまい、再び捕らえられてしまった。栖軽は二度も、雷を捕らえたのである。

この話を、先の遠足の話と重ね合わせて見ていただきたい。

栖軽が出発した場所は「磐余宮」。そこから「阿倍の山田の前の道」「豊浦寺の前の道」を通って、「軽衢」に向かったとある。「衢《ちまた》」とは、道路が交差する場所のことを言い、ここから磐余―阿倍の山田―豊浦寺―軽衢というルートが浮かび上がってくる。磐余、阿倍、山田、軽という地名は、現在でも残り、これらの地点を結ぶように走る道路も現存している。

このように、史料を読み解いていくと、そこから古代道路の大まかな場所と、どことどことをつないでいたのか、沿線にはどんな施設があったのか、ということがわかる。

しかし、それはあくまでも大まかな通過地点であり、正確な場所や道路の規模などはわからない。さらに調べていくためには、また違った方法に拠《よ》らなければならない。

地図から探す

何度も述べているが、古代道路の多くは直線的であり、駅路に至ってはその傾向が顕著である。残念ながら、ほとんどの古代道路は廃絶してしまったが、その痕跡は今なお、地表に残っている。

現在の地図に残る直線的な地割りのいくつかは、古代道路の痕跡であり、直線的な行政界《ぎょうせいかい》（行政区画の境《さかい》）が道路跡であることも多い。しかし、直線的な地割りは、現在では特に珍しいものではなく、そのなかのどれが古代道路の痕跡であるかを探し出すのは、けっこう大変である。ここでは、地図の直線地割りのなかから、古代道路の可能性が高いものを探す方法についてお話ししよう。

先述のように、『延喜式』には、駅路沿いに設けられた駅家の名が記されている。この駅家の名は、地名を冠《かん》している場合が多いことから、駅家の名と同じ地名のあたりを駅路が通過していたことがわかる。また、国府、国分寺、国分尼寺も駅路沿いに建てられる場合が多く、これらの場所も駅路探しのヒントになる。

また、地名はしばしば、その土地の過去の利用状況などを残している。「大道」「車路（地）」という地名は、その名のとおり、大きな道のそばで見られる地名であり、これも古代道路を探す時の重要なヒントである。

地図と史料を組み合わせて探す

これらを念頭において、古代道路を探してみよう。38、39ページの図表3をもう一度、ご覧いただきたい。ここは、壬申の乱の舞台にもなったことが知られているが、その痕跡は道路や地割りとして、あるいは行政界として、現在も良好に残っている。

壬申の乱では、奇襲により飛鳥の制圧に成功した、後に天武天皇となる大海人皇子軍の将軍大伴吹負《ふけい》と近江軍との間で激戦が繰《く》り広げられた。一時は敗退した吹負軍であったが、紀阿閉麻呂《きのあへまろ》らが率いた援軍の助けを借りて、勝利を収める。

『日本書紀』によると、両軍の最終決戦は上道《かみつみち》、中道《なかつみち》、下道《しもつみち》という三本の道路を舞台に行なわれたとある。この三つの道路のうち、上ツ道沿線には箸墓古墳があり、その近くで箸墓の戦いが行なわれた。また、中ツ道には村屋坐弥冨都比売《むらやにいますみふつひめ》神社を通過し、下ツ道は稗田《ひえだ》を通過していたらしいことが『日本書紀』に記されている。

これらの史料に出てくる地名を参考にして、地図を見ると、『日本書紀』に記載されたとおりの三本の道路が、現在でも明瞭に残っていることがわかる。

下ツ道は、道幅こそ縮小しているものの、ほとんどの区間で、現在でも道路として利用されており、その両側には条里地割りが残る。この地割りを細かく見ていくと、当時の道路幅も復元できる。

図表15は、奈良県橿原《かしはら》市北八木《きたやぎ》町付近の地図だが、下ツ道の東側に面する宅地の奥行はほぼ一定であり、道路西端から宅地東端までの距離は約二五メートル。それに対し、発掘された下ツ道の両側溝の中心間の長さ二三～二四メートルから考えると、現在の道路に宅地一区画分を加えた範囲は、ちょうど古代の道幅となる。

中ツ道の一部は、橿原市と桜井市、田原本《たわらもと》町と桜井市の行政界となっている。古代では、大きな道路は、郡を分ける際の基準線としても利用されていた。現在の行政界も、基本的には昔からの土地の境を踏襲しているので、このように古代道路のラインが、期せずして、直線的な行政界として残ることがある。

このように古代道路は、地図と史料のコラボレーションによって、復元できるのである。

先にも述べたように、古墳時代の地域勢力として強大な力を有していた国に吉備国、毛野国があったが、筑紫国もそれに劣らず、強大な勢力を誇っていた。

『日本書紀』には、筑紫国の王である磐井《いわい》が、継体《けいたい》二十一年（五二七年）に大和王権に対して、反乱を起こしたとある。乱は翌年に鎮圧され、磐井の子葛子《くずこ》は贖罪《しょくざい》のために土地を差し出したとあり、その土地は糟屋《かすや》屯倉という天皇家の直轄地となった。ちなみに、現在でも福岡県には、糟屋郡という地名が残っている。

磐井の墓は、それよりもかなり内陸の福岡県八女《やめ》市にある岩戸山《いわとやま》古墳と考えられている。この古墳は全長約一三五メートル、後円部の径約六〇メートル、前方部の幅約

図表15 現在と古代の下ツ道

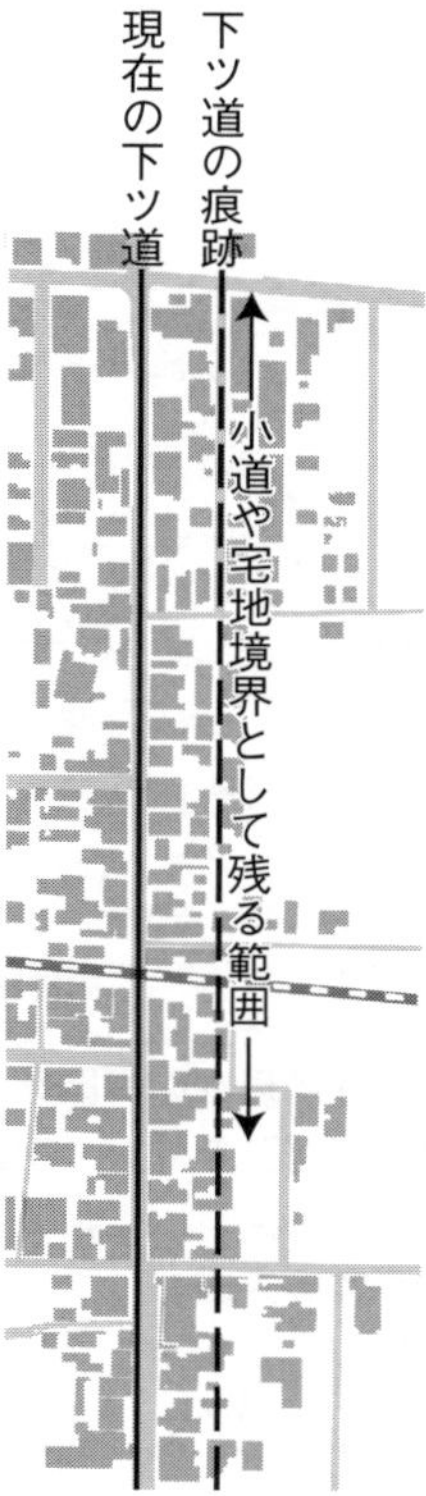

古代道路の痕跡が残るのは、何も農村だけではない。市街化された場所でも、よく観察すると見つかることがある

図表16　分割された筑紫国

筑紫国は、現在の福岡県のうち東部（豊前国）を除いた範囲に相当する。外交窓口である博多湾をかかえる大国だった

九〇メートルの規模を持つ、九州北部最大の前方後円墳である（図表16）。

先にもお話ししたように、当時の王の墓は、その国のもっとも大きな町の近くに造られることが多く、このことから、磐井は八女市を本拠としながらも、糟屋郡に至るまでの広い範囲で勢力を誇っていたことがわかる。

前置きが少々長くなったが、筑紫国は、七世紀末以前に筑前《ちくぜん》国と筑後《ちくご》国に分けられ、筑後国府は、現在の福岡県久留米市にある。筑後国では、七世紀中頃に国府の前身となる役所が置かれ、その後、国庁は転々と場所を変えているが、これらの国庁の間を貫《つらぬ》くように、東西方向の地割りがある。この地割りは、西へ向かうと屈折し、南南西に向けて一直線に伸びるが、その沿線上には「車路《くるまじ》」という地名が点在している。

このように、筑後国を通過する西海道駅路は、国府が置かれた地域を直線的に伸びる地割りと、その沿線に点在する地名から復元されている。そして、この復元路線の正確さは、発掘調査で確かめられており、もっとも広い場所で、幅十二メートルの西海道駅路が発見されている。

航空写真から探す

地図を用いて、史料、沿線の遺跡、地名などから古代道路を探した事例を紹介した。しかし、地図に記されているのは、当然のことながら、その地図を作った時の地形であり、地割りであるので、開発によって古い痕跡が失われていたり、新しい地割りと古い地割りとが混在している場合も多い。

そのため、地図を使用する際は、作図時期が異なる複数の地図を使用したり、航空写真なども併用する必要がある。

特に、航空写真は終戦直後、米軍によって撮影されたものをはじめ、さまざまな種類がある。こういった航空写真は、国土地理院のホームページ（http://archive.gsi.go.jp/airphoto/）で閲覧《えつらん》でき、古代道路探しには大いに役立つ。

航空写真のなかには、しばしばソイルマーク、クロップマークと呼ばれるものが写り込んでいることがある。ソイルとは土壌、クロップとは農作物の意味である。これらは、地下に埋まっている遺構などが、地表の土壌や植えられた作物に影響を与え、土の色の違いや、作物の成長の差として現われる現象であり、古代道路を探す手がかりとなる。

写真17は、群馬県太田市の畑にソイルマークとして現われた、東山道駅路の両側溝である。これだけしっかりと現われると、発掘調査をしなくとも、道路の規模がはっきりとわかる。

クロップマークは、日本の古代道路ではまだ良好な事例は知られていないが、古代ローマなどの道路跡では、現在でも耕作期間中、その跡がくっきりと地表に現われることがあるという。道路の路面は、固く叩き締められているため、道路が埋まってい

写真17 耕作中の畑から見つかった駅路

浮かび上がった二筋の線が、駅路の側溝である。この場所以外にも、駅路の切通しがソイルマークとして現われる場所がある　（写真／群馬県太田市教育委員会）

写真18　郊外に残る駅路の痕跡

日立市との市境近く、高萩《たかはぎ》市石滝《いしたき》にある。すぐそばまで、住宅地が迫り、よくぞ今まで残っていてくれたと感心した

る部分の作物は、根を十分に張ることができず、著《いちじる》しく成長が遅れるのだそうである。

古代道路でも、路面が十分に固められたものであれば、これと同じ現象が起こると考えられる。

歩いて探す

古代道路探しの最後は、歩いて探すことである。先のような検討を行なった後は、道路が通っていたと予測した場所に実際に行き、そこで道路の痕跡を探すのである。

写真19　住宅地に残る駅路の痕跡

線で示した場所が、西海道駅路の北側溝が通っていた場所である。南側溝は、写真左手の道路の南端部分にあたる

現地に行けば、古代道路が地図では現われにくい、ささやかな痕跡として残っていることが往々《おうおう》にしてある。

写真18は、茨城県日立《ひたち》市に残る東海道駅路の痕跡である。住宅地のはずれに、丘を切り崩し、直線的に伸びる道路跡がよく残っている。

写真19は、佐賀県佐賀市の西海道駅路の痕跡である。現在の道路に並行するように、細長い土地が延々《えんえん》と連《つら》なっている。

先に見た、奈良県橿原市の下ツ

道の痕跡と同様、西海道駅路が縮小された部分が、細長い土地として残っているのである。

このように古代道路の痕跡は、日常のごくあたりまえの風景のなかにひそんでおり、地図などから事前に道路の存在を予測できれば、案外、簡単に見つけることができる。

現地に行き、道路痕跡を見つけたならば、そこの景色をよく見ておいてほしい。私たちは、地図や航空写真で古代道路の痕跡を探すため、ついつい、古代人もこのような精巧《せいこう》な地図を元に、道路の場所を決めたかのような錯覚に陥る。

もちろん、そのようなことはない。古代の人々は、目の前に広がる景色のなかから、何らかの目印を見つけ、それを目指して道路を造ったのである。彼らは、東西あるいは南北に造る時は、星や太陽の動きから方位を決めており、現地には目印は残らない。しかし、方位に対し斜行《しゃこう》する場合は、必ず、何らかの目標物があるはずだ。

先に浅間山を目印とした駅路の事例を紹介したが、目標物は何も山頂だけとは限らない。長野県松本《まつもと》市にある東山道駅路は、駅路が越える峠を目印として決定されたと考えられている。

　また、古代の人々は、ピタゴラスの定理も知悉《ちしつ》しており、直角だけではなく、三〇度、六〇度という角度も割り出すことができた。つまり、駅路の目印は、必ずしも眼前の景色のなかにあるとは限らず、周囲の景色を広く見ておくことも大事である。

　駅路探しは、痕跡を探すために、ついつい足元に目を奪われがちであるが、時に顔を上げて、遠くの景色を見れば、古代の人々が目印とした風景が広がっているのである。

道路であることを確かめる

　ここまで、道路の探しかたについて述べてきたが、探し当てた道路痕跡が、本当の道路跡であるかを調べるには、発掘調査が必要になる。もちろん、発掘調査は誰でもできるものではないので、みなさんは発掘調査の成果を記した発掘調査報告書などで、その結果を確認することになる。

　近年は、古代道路の存在や特徴が十分知れ渡り、発掘調査を行なう前に、道路の存在を予想してから調査に臨《のぞ》むため、その規模、造りかたに関するデータなどが報告されている。

しかし、古代道路の研究がさほど進められていなかった頃は、発掘調査で見つかっても、それと認識できないことも多々あった。そのため、古い報告書のなかから、古代道路を再発見するということもしばしばある。

博多から大宰府へ向かう西海道駅路は、一九七〇年代から、発掘調査で側溝の一部などが見つかっていたが、それと認識されたのは一九九〇年代に入ってからである。太宰府市教育委員会の山村信榮《やまむらのぶひで》氏は「大宰府の守りのために造られた水城の門から伸びる直線道路が存在したはず」と考え、その延長上で行なわれた発掘調査成果を丹念に拾い集め、直線的に伸びる西海道駅路の復元に成功した。

発掘で見つかる道路の多くは、二本の側溝が並行するだけの、きわめて単純な遺構であるため、調査面積が狭かったり、側溝の一部だけが見つかった場合は、事前にそこに道路が通っているということを知らなければ、認識できないのが普通である。

そのため、発掘中に道路が見つかったり、新たに道路が想定された場合は、その推定ライン上で、過去に行なわれた発掘調査報告書を丹念に見直し、そこから道路を再発見するのである。

なお、先述のように、道路の多くはきわめて単純な遺構である。そのため、後の時代に壊されることもあるし、側溝を持たない道路が存在することもある。自分が想定したライン上で行なわれた発掘調査で、仮に道路が見つからなかったとしても、このことのみで道路がなかったとあきらめる必要はない。

その他の発掘調査報告書を粘り強く見ていくことによって、道路が復元できることもあるからだ。

第八章　廃絶の謎

駅路の維持・補修

駅路は、中央と地方との緊急通信のための使者だけではなく、防人として西国に向かう人や、納税のため都へ上る人など、多くの人々が行き来した。

また、沿線には国の命令により、駅家、国府、郡衙などの役所や国分寺、国分尼寺などの寺院も建てられ、にぎわいを見せていた。周囲の水田は整然と区画され、そのなかを一直線に走る駅路は、まさに国家権力を十分に見せつけていたのである。

しかし、駅路の維持は、地方の仕事。人々は収穫後、一息《ひといき》つくまもなく道路や橋の修理に駆《か》り出された。それ以外にも、大雨によって道路が崩れたとなれば、耕作の手を止めてまで、修理に向かわねばならない。

「そもそも、何でこんな湿地に道路を造ったんだ。すぐ横の丘の裾《すそ》を通せばこんな苦労はなかったのに」「使者や納税のための道路ならば、こんなに広い道路にしなくてもよいのに」——道路を維持する人々は、そう思ったに違いない。

地方の役人も、その点は同感だったろう。役人からしても、この大きな道路は都へ向かうための道路であり、日常の業務では、さほど利用しない。

このように駅路は、地方から見れば、あまりにも無駄が多く、維持のために多くの労力を割《さ》かねばならない、やっかいものだった。

しかし、強大な国家権力の前には、たとえ理不尽《りふじん》とは思いつつも、その命に逆らうことはできない。どこの国の人々も、不承不承《ふしょうぶしょう》、国家の命令に従いながら駅路を維持していたと考えられる。

律令国家の変質

いっぽう、八世紀中頃になると、都の繁栄にも陰りが見えてきた。

「あをによし　奈良の都は　咲く花の　にほふがごとく　今盛りなり」と詠《うた》われた平城京は、聖武天皇による度《たび》重なる遷都や、大仏建立などの大規模事業によって疲弊していた。

労役に駆り出された国民は、そのつらさから逃散《ちょうさん》し、故郷を捨て、流浪《るろう》した。国民に土地を貸し与え、そこからの収穫に財政基盤を置いていた当時の国家からすれば、これは経済基盤を揺るがすものであった。

やがて、聖武天皇がこの世を去り、時の権力者、藤原仲麻呂は経済政策に失敗し、孝謙太上天皇と弓削道鏡のコンビの前に敗れ去るが、政府は、その後も飽きることなく大規模事業を推進しつづけた。

そして、国民の疲弊は頂点に達し、逃散した者たちの多くは、大寺院や貴族の有力者の元へ走り、彼らの私有地拡大の労働力となる。

聖武天皇が耕地拡大政策の一環として、天平十五年（七四三年）に打ち出した墾田《こんでん》永年私財法《えいねんしざいほう》により、耕地面積は飛躍的に増加したものの、公《おおやけ》の労働力が私《わたくし》へと流出し、富める者はますます富むいっぽう、国家の財政基盤は悪化の一途を辿った。地方では、国司らは自らの富を増やし、次第に自立するようになる。

そうしたなか、天武天皇直系の最後の天皇である称徳《しょうとく》天皇（孝謙天皇が重祚）が崩御し、天智天皇の孫である白壁王《しらかべおう》が即位し、光仁《こうにん》天皇となる。

光仁天皇は、道鏡事件の後に、藤原永手《ながて》、藤原宿奈麻呂《すくなまろ》、藤原百川《ももかわ》を政策ブレーンとし、律令国家の再建を目指した。しかし、一度傾いた体制を、完全に元に戻すことはできず、崩壊しつつある体制をいかに維持するかが、政策の重要課題となった。

光仁天皇は、聖武天皇の時代以降、増え続けた役所の数を整理し、役所の運営経費の削減を図った。つまり、国民への負担を減らすことを目的とした「小さな政府」への衣替《ころもが》えである。

いっぽう、地方官である国司の不正を正すための改革を行ない、地方支配体制の再構築を試みた。しかし、すでに自立への道を歩み始めていた国司は、そのことを不平に感じ、神火《じんか》と偽《いつわ》って、国に納める税を収納した倉に放火するなど、時としてあからさまに反抗した。

光仁天皇の後を継いだ桓武《かんむ》天皇は、さらに大胆な政策に打って出た。それは、天武天皇の皇統（血筋）の象徴とも言える、平城京からの脱出である。

また、『延喜交替式《えんぎこうたいしき》』の選定を行ない、さらに『弘仁格式《こうにんきやくしき》』の編纂の意思を示すなど、律令制度の軌道修正を図る。これらを整備することで、大幅な法改正を行なったのである。

さらに延暦二十四年（八〇五年）には、参議の藤原緒嗣《おつぐ》の建言を受けて、継続中の蝦夷征伐を中止するとともに、平安京の造営も停止した。これによって、天武天皇の時代から続いた、国家による大規模な土木工事は終焉《しゅうえん》を迎える。

こうした一連の流れのなかで、中央集権体制は変質を迫られ、以後の政策は、地方勢力にも配慮したうえで進められていくのである。

いっせいに規模が縮小

奈良時代も終わりを告げようとしていた八世紀後半、全国に張り巡らされた駅路に大きな変化が現われる。その変化とは、道幅がいっせいに縮小していることである。北陸道駅路や南海道駅路では、幅九メートル以上あったものが、五〜六メートルになった。山陽道駅路、西海道駅路、東山道駅路でも、ほぼ同じ現象が認められる。先に見た上野国のように、規模を縮小しただけでなく、路線そのものを付け替えている事例もある。

このような現象がいっせいに起こっているのを見ると、単に地方の事情で行なわれたのではなく、中央政権の意図によるものと考えてよかろう。私は、これを光仁天皇あるいは、桓武天皇によって行なわれた政策の一環と考えている。

幅の広い道路は、中央の権力を示すという重要な役割を担っていた。しかし、それらを維持・管理していたのは、国司や郡司の命を受けた沿線住民であり、駅路の維持には、大変な負担が伴った。しかも、そうまでして維持したところで、地方にとってはあまり重要ではない道路だった。

先に見たように、光仁天皇の時代になると、中央が地方におよぼす影響力が低下しており、あからさまに中央に逆らう者まで現われるようになった。そういったなかで、中央の権威を示すという駅路の目的のひとつは、有名無実化していったに違いない。

その反面、中央から地方へ下って、そのまま土着した貴族などの地方勢力は、自らの権威を高めるために、中央との結び付きを強調しておく必要があった。後に反乱を起こす平将門《たいらのまさかど》が、若き日に都へ出仕《しゆっし》していたのも、中央で相応の官位を得るためだった。地方勢力にとって、中央とのつながりは、それぞれの地域を支配していくうえで必要だったのである。

同時に、中央にいる皇族や貴族も、その経済基盤を地方に依存しており、中央と地方とを直結する交通網が求められ、両者にとって駅路は必要不可欠なものだった。

これらの事情もあって、駅路は中央の支配力が衰《おとろ》えた後も存続する。ただし、中央の権威を見せつけるという、すでに社会に通用しなくなった目的を排除し、地方にとっても有用であり、かつ管理しやすい道路として存在した。その結果が、規模の縮小や道路の付け替えという形になって現われたと思われる。

光仁・桓武両天皇の目指した小さな政府とは、地方を完全に屈服させることではなく、その権益をある程度、容認することで成り立つものであった。

それは、地方に経済基盤を拡大しつつあった、中央貴族の立場も、十分に満たすことができるものである。そのため、衰退しつつある中央権力でも、駅路の改修という全国規模の事業が達成できたと私は考えている。

駅路の廃絶

十一世紀初頭に前後して、駅路に再び大きな変化が認められる。幅は一～三メートル程度と他の道路とほぼ同規模となり、地盤の悪い部分など維持・管理に手間がかかる部分を避けるように付け替えられたため、直進性を失う。駅路本来の目的は完全に失われ、地方の道路網のなかに埋没してしまうのである。駅路の廃絶と言ってよかろう。また、沿線の駅家はもちろん、国府や郡衙もほぼ同時期に廃絶するなど、律令国家による地方支配のための施設も廃絶した。

藤原道長《みちなが》が栄耀栄華《えいようえいが》を誇った時期から、摂関《せっかん》政治の終焉、院政の開始、そして武士の台頭《たいとう》と、時代は大きく揺れ動いていた。律令国家を支えた土地制度は崩壊し、律令体制そのものも完全に形骸《けいがい》化した。こうしたなかで、駅路は廃絶したのである。

駅路は、律令国家の建設という政治的な必要性とともに誕生し、政治形態が変質すると、駅路も形を変えた。そして、駅路を生み出した律令国家が崩壊すると同時に、その役割を終え、姿を消した。

134、135ページの図表8を改めて見ていただきたい。山陽道駅路（A）が土地の低い場所を一直線に通過しているのに対し、近世山陽道（B）は、土地の高い部分を選んで造られている。当然のことながら、土地が安定しているほど道路は頑丈であり、維持の手間も少なくてすむ。

また、写真20をご覧いただきたい。古代には二三メートル以上の幅を持っていた横大路と下ツ道は、現在では幅三メートル程度になっている。ちょうど家の敷地ひとつ分、路面が浸食されていることになる。人々が行き交うだけの道路であれば、幅はこの程度でよかったのである。

駅路は、律令国家が地方支配のために造った道路であった。通常ならば、道路など通さない場所に、あえてそれを造り、地方の事情はおかまいなしに路線を決める。そのうえ、建設は地方が行ない、維持・管理も政府から何ら援助を受けることもなく、地方が行なう。

この駅路のありかたは、中央政府に権威があった時にのみ可能であろう。そういった意味でも、駅路は、造られた当初から、律令国家と運命をともにするよう定められていたとも言える。

駅路は、まさに律令国家の誕生から、その崩壊までの歴史を雄弁に物語っているのである。

写真20 現在も道路として使用される古代道路

幅は減じたが、横大路はほぼ全線、下ツ道も大和郡山《やまとこおりやま》市まで、現在も道路として利用されている

古代道路から何を学ぶか

律令国家が崩壊し、地方が独自の道を歩むようになると、道路も本来の姿に戻った。

時代は、すでに中央集権の時代から、地方分権の時代に移っていた。地方の有力者は、自らの勢力範囲の経営に力を注いだ。

やがて、これらの勢力は、衝突を繰り返しながらも統合されていき、何度か日本全国を支配するような巨大組織にまで成長する。

しかし、どの時代の、どの政権も、地域の有力者を自らの支配下に置くものの、地域の支配は地域にまかせるという支配体制だった。律令国家が行なったような、中央政府に整った官僚機構が存在し、地方政治はおろか、法の下に国民のひとりひとりに至るまで国家が管理するという政治形態は、ついに明治政府の誕生まで現われることはなかった。

明治から現代に至る歴史の流れは、みなさんもよくご存じだろう。道路に限って言えば、江戸幕府が整備した五街道をベースとしながらも、全国的な道路網が構築された。

戦後になると、全国規模の高速道路網が整備された。駅路とよく似た道路網が再び日本に現われ、今なお整備が進められている。駅路に比べ、高速道路は、はるかに私たちの生活に密着した存在である。

それは、道路のありかたに違いがあるというよりも、自動車による輸送や移動が可能になり、私たちの行動範囲やライフスタイルが、古代人と大きく異なることに主な要因がある。

駅路廃絶から千年の時を経《へ》て、日本人はさまざまな経験を重ね、社会も大きく成長した。道路そのものに対する管理体制も整えられ、道路造りの技術も飛躍的な進歩を遂げた。駅路は、すでに過去の遺物である。

しかし、なお、私には駅路とそれを造り上げた律令国家の歩みを学ぶことが、これからの道路だけでなく、社会のありかたに対して、何らかのヒントを与えてくれると考えている。

そのヒントを、全国的な道路網を造っても、やがてそれは滅びるというネガティブに受け止めるのではなく、古代と現代との違いをよく知ったうえで、廃絶の要因を正しく分析し、それをよりよい未来をつくるためにどう活《い》かしていくかというポジティブな発想につなげていくことが肝要だろう。

「古きもの」を理解することは、「新しいもの」の創造にも、つながるのである。

参考文献

※単行本のみを掲載し、雑誌論文、報告書については割愛させていただいた。

青木和夫・稲岡耕二・笹山晴生・白藤禮幸校注『続日本紀』一～五　岩波書店　一九八九年

井上光貞・関晃・土田直鎮・青木和夫著『律令』岩波書店　一九七六年

足利健亮著『日本古代地理研究』大明堂　一九八五年

足利健亮著『地図から読む歴史』講談社　二〇一二年

甘粕健ほか編『土木』日本評論社　一九八四年

甘粕健ほか編『交通・運輸』日本評論社　一九八五年

荒井秀規・櫻井邦夫・佐々木虔一・佐藤美知男共編『交通』東京堂出版　二〇〇一年

市大樹著『すべての道は平城京へ』吉川弘文館　二〇一一年

井上和人著『古代都城制条里制の実証的研究』学生社　二〇〇四年

上田正昭編『探訪古代の道』1～3　法蔵館　一九八八年

江口孝夫著『懐風藻』講談社学術文庫　二〇〇〇年

近江俊秀著『古代国家と道路』青木書店　二〇〇六年

近江俊秀著『道路誕生』青木書店　二〇〇八年

参考文献

近江俊秀著『道が語る日本古代史』朝日新聞出版　二〇一二年
小田富士雄編『北九州瀬戸内の古代山城』名著出版　一九八三年
加藤謙吉著『蘇我氏と大和王権』吉川弘文館　一九八三年
加藤謙吉著『大和政権と古代氏族』吉川弘文館　一九九一年
門脇禎二著『蘇我蝦夷・入鹿』吉川弘文館　一九七七年
門脇禎二・狩野久・葛原克人編『古代を考える　吉備』吉川弘文館　二〇〇五年
鎌田元一著『律令公民制の研究』塙書房　二〇〇一年
川尻秋生著『平安京遷都』岩波書店　二〇一一年
岸俊男著『日本古代政治史研究』塙書房　一九七七年
岸俊男著『日本古代宮都の研究』岩波書店　一九八八年
北山茂夫著『天武朝』中公新書　一九七八年
木下良編『古代を考える　古代道路』吉川弘文館　一九九六年
木下良著『事典　日本古代の道と駅』吉川弘文館　二〇〇九年
木本雅康著『古代の道路事情』吉川弘文館　二〇〇〇年
木本雅康著『遺跡からみた古代の駅家』山川出版社　二〇〇八年
日下雅義著『地形からみた歴史』講談社　二〇一二年

群馬県立歴史博物館『古代のみち―たんけん！東山道駅路―』二〇〇一年
古代交通研究会編『日本古代道路事典』八木書店　二〇〇四年
佐伯有清編『古代を考える　雄略天皇とその時代』吉川弘文館　一九八八年
坂上康俊著『平城京の時代』岩波書店　二〇一一年
坂本太郎・家永三郎・井上光貞・大野晋校注『日本書紀』一～五　岩波書店　一九九四～一九九五年
笹山晴生著『古代国家と軍隊』中公新書　一九七五年
佐藤信著『古代の地方官衙と社会』山川出版社　二〇〇七年
島方洸一・金田章裕・木下良・立石友男・井村博宣編『地図でみる西日本の古代』平凡社　二〇〇九年
島方洸一・立石友男・金田章裕・木下良・井村博宣・落合康浩編『地図でみる東日本の古代』平凡社　二〇一二年
条里制研究会編『空から見た古代遺跡と条里』大明堂　一九九七年
鈴木靖民・荒井秀規編『古代東アジアの道路と交通』勉誠出版　二〇一一年
高橋美久二著『古代交通の考古地理』大明堂　一九九五年
竹内理三ほか監修『日本歴史地図〈原始・古代編〉』上・下　柏書房　一九八二年
武部健一著『道Ⅰ』法政大学出版局　二〇〇三年
武部健一著『道Ⅱ』法政大学出版局　二〇〇三年

参考文献

武部健一著『完全踏査　古代の道』吉川弘文館　二〇〇四年
武部健一著『続　完全踏査　古代の道』吉川弘文館　二〇〇五年
舘野和己著『日本古代の交通と社会』塙書房　一九九八年
田名網宏著『古代の交通』吉川弘文館　一九六九年
田中角栄著『日本列島改造論』日刊工業新聞社　一九七二年
直木孝次郎編『古代を考える　難波』吉川弘文館　一九九二年
中田祝夫校注・訳『日本霊異記』小学館　一九七五年
中村太一著『日本古代国家と計画道路』吉川弘文館　一九九六年
中村太一著『日本の古代道路を探す』平凡社　二〇〇〇年
野田嶺志著『律令国家の軍事制』吉川弘文館　一九八四年
野村忠夫著『研究史　大化改新』吉川弘文館　一九七三年
林博通著『幻の都大津京を掘る』学生社　二〇〇五年
林部均著『古代宮都形成過程の研究』青木書店　二〇〇一年
藤岡謙二郎編『日本古代の交通路』I～Ⅳ　大明堂　一九七八～一九七九年
前田晴人著『日本古代の道と衢』吉川弘文館　一九九六年
黛弘道編『蘇我氏と古代国家』吉川弘文館　一九九一年

村上幸雄・乗岡実著『鬼ノ城と大廻り小廻り』吉備人出版　一九九九年
森田悌著『日本後紀』上・中・下　講談社　二〇〇六年
山中敏史著『古代地方官衙遺跡の研究』塙書房　一九九四年
吉田孝著『律令国家と古代の社会』岩波書店　一九八三年
吉田晶著『古代日本の国家形成』新日本出版社　二〇〇五年
吉村武彦著『古代天皇の誕生』角川選書　一九九八年
吉村武彦著『聖徳太子』岩波新書　二〇〇二年
渡辺晃宏著『平城京と木簡の世紀』講談社　二〇〇一年
渡辺晃宏著『平城京一三〇〇年「全検証」』柏書房　二〇一〇年
和田萃著『日本古代の儀礼と祭祀・信仰』塙書房　一九九五年
和田萃著『飛鳥』岩波書店　二〇〇三年

切りとり線

★読者のみなさまにお願い

この本をお読みになって、どんな感想をお持ちでしょうか。祥伝社のホームページから書評をお送りいただけたら、ありがたく存じます。今後の企画の参考にさせていただきます。また、次ページの原稿用紙を切り取り、左記まで郵送していただいても結構です。

お寄せいただいた書評は、ご了解のうえ新聞・雑誌などを通じて紹介させていただくこともあります。採用の場合は、特製図書カードを差しあげます。

なお、ご記入いただいたお名前、ご住所、ご連絡先等は、書評紹介の事前了解、謝礼のお届け以外の目的で利用することはありません。また、それらの情報を6カ月を越えて保管することもありません。

〒101-8701（お手紙は郵便番号だけで届きます）
祥伝社　新書編集部
電話03（3265）2310
祥伝社ブックレビュー　www.shodensha.co.jp/bookreview

★本書の購買動機（媒体名、あるいは○をつけてください）

＿＿＿＿新聞の広告を見て	＿＿＿＿誌の広告を見て	＿＿＿＿の書評を見て	＿＿＿＿の Web を見て	書店で見かけて	知人のすすめで

★100字書評……古代道路の謎

名前

住所

年齢

職業

近江俊秀　おおみ・としひで

文化庁文化財調査官。1966年、宮城県石巻市生まれ。1988年、奈良大学文学部文化財学科卒業。奈良県立橿原考古学研究所主任研究員を経て、文化庁入庁。現在、文化庁文化財部記念物課埋蔵文化財部門に勤務。専門は日本古代交通史。著作に『古代国家と道路』（青木書店）、『道路誕生』（青木書店）、『道が語る日本古代史』（朝日新聞出版）などがある。

古代道路《こだいどうろ》の謎《なぞ》
奈良時代《ならじだい》の巨大国家《きょだいこっか》プロジェクト

近江俊秀《おおみとしひで》

2013年 4 月10日　初版第 1 刷発行
2022年 8 月25日　　第 3 刷発行

発行者……………辻 浩明
発行所……………祥伝社《しょうでんしゃ》
〒101-8701　東京都千代田区神田神保町3-3
電話　03(3265)2081(販売部)
電話　03(3265)2310(編集部)
電話　03(3265)3622(業務部)
ホームページ　www.shodensha.co.jp

装丁者……………盛川和洋
印刷所……………萩原印刷
製本所……………ナショナル製本

Printed in Japan　ISBN978-4-396-11316-2　C0221

〈祥伝社新書〉
古代史

624
謎の九州王権
ヤマト王権以前に存在した巨大勢力。その成立から滅亡までを追う
日本史学者
若井敏明

423
天皇はいつから天皇になったか？
天皇につけられた鳥の名前、天皇家の太陽神信仰など、古代天皇の本質に迫る
元・龍谷大学教授
平林章仁

326
謎の古代豪族 葛城《かつらぎ》氏
天皇家と並んだ大豪族は、なぜ歴史の闇に消えたのか
平林章仁

513
蘇我氏と馬飼《うまかい》集団の謎
「馬」で解き明かす、巨大豪族の正体。その知られざる一面に光をあてる
平林章仁

510
渡来氏族の謎
秦《はた》氏、東漢《やまとのあや》氏、西文《かわちのふみ》氏、難波吉士《なにわのきし》氏など、厚いヴェールに覆われた実像を追う
歴史学者
加藤謙吉

〈祥伝社新書〉
歴史に学ぶ

545
日本史のミカタ
「こんな見方があったのか。まったく違う日本史に興奮した」林修氏推薦
国際日本文化研究センター所長 井上章一
東京大学史料編纂所教授 本郷和人

588
世界史のミカタ
「国家の枠を超えて世界を見る力が身につく」佐藤優氏推奨
井上章一
小説家 佐藤賢一

630
歴史のミカタ
歴史はどのような時に動くのか、歴史は繰り返されるか……など本格対談
井上章一
国際日本文化研究センター教授 磯田道史

351
英国人記者が見た
連合国戦勝史観の虚妄
滞日50年のジャーナリストは、なぜ歴史観を変えたのか。画期的な戦後論の誕生
ジャーナリスト ヘンリー・S・ストークス

578
世界から戦争がなくならない本当の理由
なぜ「過ち」を繰り返すのか。池上流「戦争論」の決定版！
ジャーナリスト 名城大学教授 池上 彰